Kosovo

Der Krieg gegen die Flüchtlinge

Helmut Dietrich, Harald Glöde

Kosovo

Der Krieg gegen die Flüchtlinge

Forschungsgesellschaft Flucht und Migration
Gegen die Festung Europa
Heft 7

VLA • Schwarze Risse • Rote Strasse

Forschungsgesellschaft Flucht und Migration (FFM)
Gneisenaustr. 2 a
10961 Berlin
Tel. +49-30-693 56 70
Fax: +49-30-69 50 86 42
Fax: +49-30-69 50 86 43
ffm@ipn.de
www.berlinet.de/mh/ffm
www.freilassung.de

Verlag Libertäre Assoziation VLA
Verlag der Buchläden Schwarze Risse • Rote Strasse
Hamburg • Berlin • Göttingen • Februar 2000

Druck: Winddruck, Siegen
Vertrieb Buchhandel: SOVA Frankfurt
Einzelbestellungen: FFM Berlin

Inhalt

Vorwort

In den fünf Jahren ihrer Existenz hat die FFM in den vorausgehenden Publikationen und auf zahlreichen Veranstaltungen immer wieder auf die Folgen der flüchtlingsfeindlichen Abschottung an der Ostgrenze der Festung Europa und in deren Vorfeld aufmerksam gemacht. Als rassistische Ausgrenzung im europäischen und im globalen Maßstab hat sich diese Abschottung unterdessen zu einem komplexen System der Flüchtlingsabwehr und Migrationsverhinderung fortentwickelt. Grenzzäune und Mauerwerke haben in diesem System nicht mehr die gleiche Bedeutung wie noch vor wenigen Jahren. Uns ging es bei unserer Arbeit darum, dieses System und das viele Politikbereiche überspannende Konzept, das dahintersteckt, erkennbar zu machen.

Als die NATO den Krieg gegen die Bundesrepublik Jugoslawien und im Kosovo begann, haben wir uns sofort die Frage gestellt, welchen Anteil die flüchtlings- und bevölkerungspolitischen Motive an der Kriegführung beider Seiten hätten. Aus der Entwicklung der deutschen, der Schengener und der EU-Flüchtlingspolitik und insbesondere durch die Analyse des Strategiepapiers der österreichischen EU-Präsidentschaft vom 1. Juli 1998 wurde uns rasch klar, wie die Kriegführung selbst, die Lagerpolitik der NATO, das Abschneiden der Fluchtwege nach Westeuropa und die Aushungerung geduldeter Flüchtlinge miteinander in Verbindung zu bringen waren. So ist noch während der ersten Kriegshälfte, als die Kriegsparteien die militärische Eskalation von Tag zu Tag weiter vorantrieben, der Text »Flüchtlingspolitik im Krieg« entstanden. Er ist zum Teil von Mutmaßungen gekennzeichnet – im Kosovo gab es überhaupt keine JournalistInnen mehr, und der weitere Kriegsverlauf war nicht abzusehen –, aber er stellt auch einen Versuch dar, trotz dieses Wissenskollapses der Diskussion gegen den Krieg argumentativ auf die Beine zu helfen. Eine nachträgliche Glättung des Textes aus der Perspektive *ex post* – nachher ist man immer schlauer – schien uns nicht angeraten. Wir sollten uns darauf einstellen, bei künftigen Kriegen und Flüchtlingsdramen unter ähnlich prekären Bedingungen diskutieren, schreiben und handeln zu müssen.

Da uns neben dem Fotokopieren des Texts, dem E-Mailing und dem Referieren auf Veranstaltungen keine schnelle schriftliche Veröffentlichung der Fassung geglückt ist, haben wir den Text Monate später durch einen Nachtrag (»Nach dem Krieg«) erweitert.

Auch mit dem Einsatz einer gewaltigen Kriegsmaschinerie soll künftig der Aufbruch von Menschen aus Kriegs-, Bürgerkriegs-, Krisen- und Elendsgebieten verhindert werden. Es geht um die »Regionalisierung« von Fluchtbewegungen – wir erinnern uns an die fast panisch beschworene »heimatnahe« Unterbringung der Flüchtlinge, die von Regierung und die Medien seit Kriegsbeginn »Heimatvertriebene« genannt wurden.

Die inszenierte Hilfsbereitschaft bei der Aufnahme eines kleinen Kontingentes kosovo-albanischer Kriegsflüchtlinge diente eher der Förderung der Akzeptanz der Bombardierungen, als dass sie im Widerspruch zur »heimatnahen« Unterbringung der Flüchtlinge gestanden hätte. Zudem setzte vor allem die deutsche Regierung damit erstmals eine zwischen den Staaten des Westens ausgehandelte so genannte Lastenteilung durch. Die Aufnahme von Flüchtlingen stellten die Regierungen nicht mehr als Erfüllung berechtigter Ansprüche von Geflohenen, sondern als staatlichen Gnadenakt vor.

So wurde der NATO-Krieg zur zweiten Zäsur der deutsch-europäischen Flüchtlingspolitik nach der Grundgesetzänderung von 1993. Fünfzig Jahre lang war das Prinzip, dass Flüchtlinge nicht zu Verschiebemassen zwischen kriegführenden Parteien werden dürfen, in Europa im Großen und Ganzen unangefochten. Seit dem Kriegsgeschehen in und um den Kosovo scheint es so, als habe dieses Prinzip nie existiert. Die NATO-Militärs haben die »heimatnahe Unterbringung«, wie es die sozialdemokratisch-grünen Politiker der deutschen Regierung und der EU-Gremien nennen, durch die Internierung der Flüchtlinge in unmittelbarer Nähe des Kriegsgeschehens durchgesetzt und durch die Zuarbeit zahlloser Nichtregierungsorganisationen abgesichert.

Viele NGOs sind in der Folge des Kriegs auf eine offiziöse Sichtweise der neuen europäischen Flüchtlingspolitik eingeschwenkt. Über eine gemeinsame Entwicklungspolitik, wirtschaftliche Assoziationsabkommen, kulturelle Zusammenarbeit und Strukturanpassungsprogramme sollen möglichst alle staatlichen und nichtstaatlichen Akteure des Westens über die Flüchtlingspolitik zueinandergebracht werden, wie der EU-Gipfel zur Flüchtlingspolitik in Tampere im Oktober 1999 demonstrierte. Sechs flüchtlingsfeindliche Aktionspläne gegen ausgesuchte Herkunftsländer (Irak, Albanien/Kosovo [Aktionsplanentwurf], Afghanistan, Somalia, Sri Lanka und Marokko) von Flüchtlingen wurden in Tampere verabschiedet.

Die Ergebnisse des EU-Gipfels sowie die aktuell von Innenminister Schily inszenierte Debatte über das Asylrecht sind als Fortsetzung der im Krieg forcierten Politik zu kritisieren und zu bekämpfen. In diesem Sinne soll dieses Heft eine Aufforderung und ein Beitrag zur Diskussion sein.

Als eine der wesentlichen praktischen Möglichkeiten sehen wir die Unterstützung der Flüchtlinge, die in der Bundesrepublik von der Politik des Aushungerns betroffen sind. Unsere Solidarität gilt aktuell insbesondere den in Berlin seit mehreren Monaten andauerndem Widerstand von Bürgerkriegsflüchtlingen gegen ihre unmenschliche und entwürdigende Behandlung durch das DRK, darüber hinaus aber auch den zahllosen weiteren Projekten der medizinischen Unterstützung, der Unterbringung und der Fluchthilfe.

Flüchtlingspolitik im Krieg – Mai 1999

1.1 Warum Krieg ?

Sicherlich wäre es überzogen, behaupten zu wollen, die NATO-Angriffe auf den Rest Jugoslawiens würden vorrangig dem Ziel dienen, einen Durchbruch bei der Lösung eines regionalen Flüchtlingsproblems zu erzwingen. Kriege entstehen immer aus Ursachenbündeln und Anlässen, und erst wenn mehrere Faktoren kumulieren, werden Entscheidungsträger sich durchsetzen können, die auf Krieg drängen – seien es eine Gruppe von Militärs, eine Außenministerin oder ein machtbesessener Achtundsechziger.

Wäre es auch überzogen zu behaupten, die Aktionen der jugoslawischen Armee im Kosovo hätten letztlich ein ganz ähnliches Ziel wie die Bombardements der NATO, nämlich das Ziel einer neuen bevölkerungspolitischen Ordnung der Region? Jedenfalls sind die Bevölkerungen des Kosovo wie auch der Nachbarländer in einen Zangengriff geraten zwischen NATO und Milosevic, welcher das Leben in dieser Region auf lange Sicht verändern wird – es wird ein Leben im Lager sein, sei es im NATO-Militärlager oder im Rücksiedlungslager, sei es in Jugoslawien oder in einem NATO-Protektorat mit UCK-Polizei – ein Leben unter militärischem Belagerungszustand.

Inzwischen, nach jetzt sechs Wochen Krieg, wird hingegen niemand mehr behaupten wollen, niemand außer dem NATO-Sprecher Shea und dem Kriegsminister Scharping, dass es bei den NATO-Angriffen darum hätte gehen können, die Vertreibung von Flüchtlingen tatsächlich zu verhindern. Es gab keinen Grund zu bezweifeln, dass sich die Antiguerilla-Raids der jugoslawischen Armee unter Kriegsbedingungen zu einem effektiven Feldzug zur »ethnischen Säuberung« radikalisieren würden. Alle entsprechenden Erfahrungen aus diesem Jahrhundert und aus den Jahren zwischen 1991 und 1995 in dieser Region sprachen dafür, und es kann nicht mit Naivität entschuldigt werden, dass dieser Krieg dennoch geführt wurde.

Eine Reihe von Indizien spricht dafür, dass der Krieg gegen Jugoslawien beschlossene Sache war, lange bevor die Verhandlungen in Rambouillet überhaupt begonnen hatten. Schröder und Fischer wussten dies seit ihrem ersten Besuch in den USA, Anfang Oktober 1998. Sie hatten sich kurz nach ihrem Auftritt in Washington »binnen 15 Minuten« zu entscheiden.[1] Das Massaker an 45 Zivilisten in Racak am 15. Januar gab den Befürwortern des Kriegs ein starkes Argument. Der US-Administration war das personifizierte Böse der gegebene Anlass, eine umfassende Reorganisation der NATO durchzusetzen, eine Neuformulierung ihrer Strategie, eine Globalisierung ihrer Einsatzgebiete bis an die Grenzen Chinas und eine Bekräftigung der US-amerikanischen Suprematie.[2] Die Militärpräsenz auf dem Balkan war aus dieser langfristigen Sicht unabdingbar. Gegenüber einer solchen epochalen geostrategischen Neuordnung fiel das Schicksal kleiner Menschengruppen mit schwer aussprechlichem Namen (so oder so ähnlich Clinton in seiner strategischen Rede am 16.4.) kaum ins Gewicht, und was auch immer mit diesen geschehen würde, war als Kollateralproblem in Kauf zu nehmen. Anders freilich die Perspektive der europäischen NATO-Partner: aus ihrer Sicht sollte es mit diesem Krieg gelingen, eine Region zu befrieden, von der aus schon vor Kriegsbeginn 200 000 Menschen nach Westeuropa geflohen waren und von wo aus ein unabsehbarer Strom von MigrantInnen in die EU zu drängen drohte, und zugleich die »Südroute« der Migration in die EU, von Kurdistan über die Adria nach Italien, effktiv zu blockieren. Bereits am 20. Januar war in der NZZ folgendes zu lesen:

»Angesichts der verschärften Spannungen im Kosovo bereitet sich Italien auf eine weitere Mission in Albanien vor. Bei einem Kriegsausbruch wäre mit einer großen Flüchtlingswelle zu rechnen. Rom hat alles Interesse daran, dass diese nicht im vollen Unfang nach Italien überschwappt, und will deshalb Auffanglager in Nordalbanien aufstellen. Eine Intervention der Nato in Kosovo würde von Italien voll unterstützt...«.[3]

Dass zur gleichen Zeit auch in der Schweiz über die Errichtung von Flüchtlingslagern im Vorfeld der Festung Europa durch die Schweizer Armee debattiert wurde, lässt darauf schließen, wie weit derartige Überlegungen bereits im Vorfeld des Kriegs gediehen waren.[4]

Auf den folgenden Seiten wollen wir der Frage nachgehen, wie dieser Krieg die westliche Flüchtlingspolitik und ihre langgehegten Pläne der Errichtung von Safe Havens bei gleichzeitiger Blockade der Migrationswege befördert hat und welche Folgen wir erwarten müssen.

1.2 Flüchtlinge im Europa der 90er Jahre

Zehn Millionen Menschen sind seit dem Zusammenbruch der Sowjetunion und der RGW-Staaten am Ende der 80er Jahre aus Osteuropa emigriert, von ihnen vier Millionen nach Westeuropa. Die Abwehr dieser neuen Freizügigkeit, die neuerliche Schließung der Grenzen und die Einbeziehung der ost-, zentral- und südosteuropäischen Länder in ein System der Migrationskontrolle ist in der ersten Hälfte der 90er Jahre zum Schrittmacher des europäischen Einigungsprozesses geworden; es wurde ein System konzentrischer Kreise von »sicheren Herkunftsländern« und »Drittstaaten« um Zentral- und Westeuropa gelegt, ein System von Aufrüstung der Grenzen, Abschiebungen und Rückübernahmen, das 1994 weitgehend errichtet war und das zuletzt 1996 zum Rückübernahmeabkommen mit der BR Jugoslawien führte. Mit diesem Vorgehen gelang es den Abschottungsstrategen der EU, die Zahl der Anträge auf Asyl, die in den Schengen-Staaten noch gestellt werden konnten, auf heute ein Viertel ihres Stands von 1992 sinken zu lassen.[5]

Die Massenvertreibung aus Bosnien im Frühjahr und Sommer 1992 wurde mit mehr als drei Millionen Flüchtlingen zur größten Massenvertreibung nach dem Zweiten Weltkrieg. Erinnern wir uns an die monatlichen Flüchtlingskonferenzen in Wien, Zagreb, Ljubljana und Genf im Sommer 1992, als eine Kontingentierung und Aufnahme der Flüchtlinge von allen Staaten der EG immer wieder abgelehnt und stattdessen eine »Hilfe vor Ort« favorisiert wurde – damals bot sich das kroatische Refugee-Business als regionale Aufnahmestation an, zugleich aber begrenzte Kroatien episodisch den Einlass, wenn die Hilfsgelder nicht ausreichend flossen, so dass seit dem Herbst 1992 eine halbe Million Menschen im Grenzgebiet zwischen Bosnien und Kroatien auf der Suche nach Lebensmitteln und Unterkunft zwischen den Kriegsparteien und Ortschaften umherirrten, immer wieder serbischem Beschuss ausgesetzt und auf diese Weise mobil gehalten.[6] Erinnern wir uns auch, dass damals einige hunderttausend Flüchtlinge, die auf die Hilfe von in Deutschland ansässigen Verwandten und Freunden zurückgreifen konnten, hier Unterkommen fanden – eine solche überwiegend selbstorganisierte, von den Behörden aber letztlich geduldete Einreise ist es, was die deutschen Behörden im gegenwärtigen Konflikt mit allen Mitteln zu verhindern suchen, weil sie die Schwierigkeiten kennen, welche die »Rückführung« dieser Flüchtlinge in die verwüsteten Kriegszonen jedenfalls bereiten wird. Wir werden weiter unten darstellen, dass den Flüchtlingsstrategen der Krieg gerade gelegen kommt, um auch in dieser Hinsicht neue Wege zu beschreiten.

Aber schon damals hat die BRD die Einreise der Flüchtlinge nur widerwillig hingenommen und im Verbund mit den anderen westeuropäischen Staaten dafür gesorgt, dass der überwiegende Teil der Flüchtlinge über »humanitäre Korridore« in »Safe Havens« abgeleitet wurde – in territoriale Großghettos, die durch Blauhelme gesichert schienen, bis das fatale Versagen der Truppen in Srbrenica die Welt eines Schlechteren belehrte. Ganz wie heute förderten die regionale Konzentration der Flüchtlinge und die Blockierung ihrer Migration auch 1992 den Ruf nach einer humanitären Militärintervention, aber damals war die NATO noch nicht so weit, und die Vereinigten Staaten waren bereits am Golf und in Somalia gebunden. Inzwischen sind, seit dem Abkommen von Dayton Ende 1995, mehr als 250 000 BosnierInnen aus den EU-Staaten, hauptsächlich aus der BRD und Österreich, »rückgeführt« worden. Dass noch heute viele von ihnen nicht wieder in den Orten und in den Häusern leben, aus denen sie 1992 vertrieben wurden, sondern in Provisorien, und dass insgesamt noch 750 000 BosnierInnen im eigenen Land in Flüchtlingslagern leben, beschreibt die Perspektive für die Rückkehr der KosovarInnen wahrscheinlich besser als die guten Worte der humanitären Krieger. Bereits jetzt sind die Kosten des Kriegs zwanzigmal höher als die geschätzten Kosten eines Wiederaufbauplans für die Region. Dass Hundertmilliarden, binnen Monatsfrist, für einen Krieg um so vieles leichter zu finanzieren sind als Fünfmilliarden, über Jahre gestreckt, für die Grundbedürfnisse einer ganzen Region, müsste auch denjenigen zu Denken geben, die der neuen Generation von Politikern ihren guten Willen noch immer nicht absprechen wollen.

In der zweiten Hälfte der 90er Jahre hatte »Asyl« als Nadelöhr der Immigration immer weniger Bedeutung; da die MigrantInnen nur noch mit einer Anerkennungsquote von unter 4% rechnen durften und die Effizienz des Abschiebungssystems zu fürchten hatten, musste sich die Immigration auf Wege ohne Visa und Papiere verlagern. »Illegale« Migrantinnen – Kein Mensch ist illegal – mußten sich in einen Arbeitsmarkt finden, in dem auch die letzten Garantien zurückgenommen waren; andererseits sahen sie auf den illegalen Arbeitsmärkten Westeuropas noch immer bessere Chancen für sich als in der Ukraine oder in Rumänien. Albanien und das Kosovo waren nicht nur einer der Ursprungsorte dieser Migration, sondern Albanien entwickelte sich – insbesondere nach den Aufständen von 1997 – anscheinend[7] zu einer der Drehscheiben der klandestinen Migration auf der »Südroute«, die von irakisch Kurdistan bis nach Italien und weiter in die anderen westeuropäischen Staaten reicht.

Das von der österreichischen EU-Präsidentschaft im letzten Jahr vorgelegte »Strategiepapier zur Migrations- und Asylpolitik«[8] beschreibt die neuen Flüchtlingsbewegungen, denen mit neuen Politiken begegnet werden müsse, um sie vor den Toren der Festung zu halten – was mit keinem Wort erwähnt wird, ist die Tatsache, dass der neue Charakter der Migrationsbewegungen in der zweiten Hälfte der 90er Jahre vor allem ein Produkt der westeuropäischen Abschottungspolitik ist. Natürlich haben sich interethnische Konflikte in vielen Teilen der Welt unter dem Druck der weltwirtschaftlichen Umbrüche zugespitzt, aber im Kern unterscheiden sich die MigrantInnen der 90er Jahre von denen der 80er vor allem dadurch, dass sie es schwerer haben einzureisen, dass sie dabei auf die Hilfe Dritter angewiesen sind und dass ihnen Asyl verweigert wird. Nachdem das europäische Abschiebungs- und Rückschiebungssystem seit Mitte der 90er Jahre weitgehend installiert ist, entwickeln die EU und die vorgelagerten Staaten nun neue Instrumente gegen die »neuen« Flüchtlingszuwanderungen: einerseits geht es um die Zerschlagung der Migrationswege, andererseits wird der Flüchtlingsstatus der Genfer Konvention unterminiert und ausgehebelt.

1.3 Die Zerschlagung der Fluchtwege nach Westeuropa

Die Blockierung der Flucht nach Westeuropa in einem organisierten Ausmaß wie jetzt im Krieg ist einmalig. Sie verläuft zusammengefasst erstens durch die Verhinderung der Ausreise aus der Lagerregion, zweitens durch Erschwerung der Einreise nach Westeuropa und drittens durch eine polizeiliche Fahndung längs der Fluchtwege in den Transitstaaten, von der weiter unten ausführlich die Rede sein wird.

Im folgenden soll das Augenmerk darauf gerichtet werden, dass die Blockierung der Flucht aus Südosteuropa keine ad-hoc-Maßnahme war, die mit völlig neuen Behörden und Eingreiftruppen durchgesetzt wurde, sondern im Laufe der letzten Jahre ausgearbeitet wurde und alle denkbaren Instanzen erfasst hat. Von den lokalen Ausländerbehörden und den untersten Grenzschützern vor Ort bis zu zentralen nationalstaatlichen Bundesbehörden und Regierungsstellen und weiter bis zu den supranationalen und zwischenstaatlichen Formierungen wie der Europäische Union (EU), den Schengener Vertragsstaaten und den internationalen Koordinationsstellen und Think Tanks wie den Intergovernmental Consultations (IGC) und dem International Centre for Migration Policy Development (ICMPD) zog sich seit Frühjahr 1997 wie ein rotes Band die Frage, wie diese Flüchtlingsroute zu zerschlagen und Auffangstrukturen in jenen Regionen zu installieren seien. Auf all diesen Ebenen wurde an dem Thema gearbeitet, und zwar nicht als Zusatzaufgabe, die andere zu lösen hätten, sondern als »kreative« Aufgabe, wie die Abwehr aus eigener Kraft der Behörden und ihrer MitarbeiterInnen gelöst werden könnte. Der NATO-Krieg kam hier wie gerufen.

1.3.1. Zwei Flüchtlingskonferenzen im Vorfeld des Krieges

Zunächst sollen zwei internationale Flüchtlingskonferenzen zum Kosovo beziehungsweise zum Balkan im Vorfeld des NATO-Kriegs beschrieben und in ihren Funktionsweisen und Reichweiten analysiert werden. Anschließend wenden wir uns einem besonderen Motor der europäischen Flüchtlingspolitik, der grenzüberschreitenden, internationalisierten polizeilichen Kriminalisierung von Flüchtlingen zu; die sogenannte Balkanroute – der Fluchtweg aus und über die Balkanländer – hat die Fahnder seit 1997 zu einmaligen polizeilichen und politischen Anstrengungen veranlasst.

Am 22./23.März, also direkt bevor die NATO ihren Krieg gegen Jugoslawien begann, fand in Bern eine Flüchtlingskonferenz zur sogenannten Kosovo-Krise statt.[9] Es handelte sich um die *Mini Full Round* – eine Art Jahreskonferenz – einer Koordinationsstelle, die unter dem unscheinbaren Namen Inter-governmental Consultations on Asylum, Refugee and Migration Policies in Europe, North America and Australia (IGC) firmiert und in der Öffentlichkeit kaum bekannt ist. Wir können davon ausgehen, dass alle Regierungen der sechzehn Mitgliedsstaaten der IGC – Australien, Belgien, Dänemark, Deutschland, Finnland, Großbritannien, Irland, Italien, Kanada, die Niederlande,

Norwegen, Österreich, Schweden, die Schweiz, Spanien und die USA, sowie die IGC-Mitglieder UNHCR und International Organisation for Migration (IOM) ranghohe Beamte zu dieser Konferenz in Bern geschickt haben.[10]

Wir wissen nicht, zu welchem Ergebnis die IGC-Konferenz zur Kosovo-Krise kam. Ihre Arbeitsweise und ihre laufenden Publikationen lassen aber vermuten, dass die Diskussionsgrundlage der Konferenz aufbereitetes Datenmaterial zur Situation von Kosovoflüchtlingen und Vorschläge zur künftigen Bekämpfung des Exodus der KosovarInnen aus der Krisen- und künftigen Kriegsregion war. Wenige Tage vor Konferenzbeginn war im IGC-Umfeld eine umfangreiche Studie zur Migration in Zentral- und Osteuropa fertig geworden (»IOM and ICMPD: Migration in Central and Eastern Europe«), die die Kosovo-Krise als aktuell gefährlichste Herausforderung für die Migrationspolitik des Westens in ihren Mittelpunkt stellt und mit konkreten Zahlenangaben zu Vertriebenen und künftigen Entwicklungen aufwartet. Analysiert wird die angebliche Bedrohungssituation vor allem in Deutschland, der Schweiz und Österreich, neben den Ländern Zentral- und Osteuropas. Hauptquelle der Datengewinnung sind in dieser Studie die Angaben der Grenzpolizeien, vor allem des deutschen Bundesgrenzschutzes (BGS) aufgrund von Festnahmen und Verhören von KosovarInnen, die im Zusammenhang heimlicher Grenzüberschreitungen verhaftet wurden, und die Anhörungen von Asylsuchenden durch das deutsche Bundesamt für die Anerkennung ausländischer Flüchtlinge (BAFl). Aus diesen interpretierten Daten errechneten die AutorInnen der Studie die Gesamtzahlen. Im folgenden soll nicht die abwegige Arbeitsweise erörtert werden, mit der die Zahl von Verhafteten zur Gesamtzahl von Illegalisierten hochgerechnet wird. Beunruhigend ist vielmehr die Tatsache, die in der zitierten Studie deutlich wird, dass inzwischen die Polizeidaten über heimliche GrenzgängerInnen und die Erkenntnisse aus Asylanhörungen aus weit über einem Dutzend Staaten zusammengeschlossen, in der Perspektive künftiger Bekämpfung von Flucht und Migration in kurzen zeitlichen Abständen ausgewertet und interpretiert werden. Der Schlüsselpunkt scheint dabei zu sein, dass die Fluchtwege zu den strategischen Orten werden, an denen die Daten gewonnen werden und an denen die Fluchtbekämpfung verstärkt ansetzt. Es ist eine Methode, die – wie weiter unten ausgeführt wird – deutsche Behörden am weitesten entwickelt und politisch in den Gremien von Schengen und der Europäischen Union verankert haben.[11]

Vieles deutet darauf hin, dass die IGC-Staaten das Szenario der Massenflucht nach Albanien und Mazedonien bei gleichzeitiger Schließung der westeuropäischen Grenzen und dem Erlass aufenthaltsverhindernder Maßnahmen in Westeuropa bereits seit Monaten durchgespielt haben: Maßgebliche Texte, die die westliche staatliche Flüchtlingsdiskussion 1998 geprägt haben, beschreiben die politische Entwicklung der Festung Europa nicht als kontinuierliche Verschärfung der Abschottung, sondern als ein Desaster, das mit der Massenflucht bosnischer Flüchtlinge zur Zeit des Kriegs im ehemaligen Jugoslawien begonnen habe.[12] Neue Konzepte seien erforderlich, die weit über die Instrumentarien der Abschottung hinausgehen müssten, die Anfang der 90er Jahre proklamiert und institutionell verankert wurden (erschwerter Zugang zum Asylanerkennungsverfahren, Rückübernahmeabkommen, Sichere-Drittstaaten-Definition u.a.m). Das Aufhalten der Flüchtlinge vor der Festung Europa gewann als Politik der Sicheren Häfen in Europa wachsende Zustimmung. Die USA praktizieren die Internierung beispielsweise von Cuba-Flüchtlingen auf entlegenen Militärbasen seit langem, in Europa war diese Politik bisher nicht durchsetzbar. Im Herbst 1998 wurde in der italienischen – staatlichen wie nichtstaatlichen – Diskussion der Flüchtlingspolitik immer wieder bedauert, dass Italien nicht wie Spanien auf der anderen Seite des Meeres über Enklaven verfüge, in denen man Flüchtlings-Auffanglager errichten könnte. Ceuta und Melilla in Nordafrika dienten als Vorbild für Vorstöße der italienischen Flüchtlingspolitik nach Albanien, wohlgemerkt lange vor Kriegsbeginn.

Die zweite internationale Flüchtlingskonferenz, die im Vorfeld des Kriegs stattfand, war die »Sonderkonferenz der Budapester Gruppe zur illegalen Migration durch Südosteuropa« am 29./30. Juni 1998 in Budapest. Die Initiative zu der Konferenz ging von der deutschen Bundesregierung aus.[13] Auf der Konferenz wurden die Balkanstaaten (außer der BR Jugoslawien, die nicht an der Konferenz teilnahm) auf Maßnahmen zur Zerschlagung der »türkisch-albanischen Route« verpflichtet, über die die »illegalen Bewegungen« in den letzten Jahren zu Lande oder »weiter über die Adria und Italien nach Westeuropa« vordringen würden.[14] Die Kosten, die bei der Umsetzung der Beschlüsse entstünden, müssten durch das Odysseus-Programm der EU getragen werden. Insgesamt 31 Staaten nahmen an dieser Konferenz teil, unter ihnen Albanien, Bosnien und Herzegowina, Bulgarien, Kroatien, Tschechische Republik, Mazedonien, Griechenland, Ungarn, Italien, Polen, Slowakei, Slowenien und die Türkei. Weitere Teilnehmer: Europarat, Europäische Kommission, IGC, ICMPD, Interpol, IOM and UNHCR.

Dieses *special meeting* stand in der Tradition der europaweiten Ministerkonferenzen, die die deutsche Bundesregierung 1991 in Berlin begründet hat. Die ersten Zusammenkünfte hatten in ihren Beschlüssen etwas Appellhaftes. Umsetzungsfragen konnten in der Frühphase nicht verbindlich geklärt werden. Im Laufe der Jahre entstand aber eine arbeitsfähige Konferenzstruktur mit einem permanenten Sekretariat in Wien, zahlreichen Arbeitsgruppen und einer institutionalisierten europaweiten Zusammenarbeit zahlreicher Behörden, die mit Flüchtlings- und Grenzfragen befasst sind. Diese gesamteuropäische Konferenzstruktur, die auf die Einbindung Zentral- und Osteuropas in die Schengener und EU-Abschottungspolitik zielt, wird unter der Bezeichnung Budapester Prozess zusammengefasst.[15] Seit 1998 konnte die Berliner Forschungsgesellschaft Flucht und Migration (FFM) feststellen, dass Gremien des Budapester Prozesses ihre Arbeitsweise verändern: Sie beschäftigen sich nicht mehr nur mit den »low intensity areas« der langjährigen Angleichung der Grenzaufrüstungen, flüchtlingsfeindlichen Maßnahmen und Gesetzen an die westlichen Standards, sondern gehen zu Aktionen (»energic work«) koordinierter Fahndungen und Abschiebungen über.[16]

In dem Beschlussdokument der erwähnten Sonderkonferenz findet sich eine für den Budapester Prozess neue Alarmierungs- und Verbindlichkeitssprache: Dic besprochene Umsetzung der Fahndungs- und Abschottungsziele längs der Balkanroute seien von einer »particular urgency«. Alle beteiligten Staaten werden gegen Illegale und Schleuser mit »the maximum extent possible« vorgehen, »to the utmost to implement these measures in the context of a common strategy within the Budapest Process«. Zur Beobachtung, wie die Beschlüsse der Konferenz umgesetzt würden, und zur Ausarbeitung weiterer Vorschläge zur Zerschlagung der Südosteuropa-Route installierte man eine Arbeitsgruppe bei dem Sekretariat des Budapester Prozesses in Wien. – Die Folgekonferenz zur »illegalen Migration durch Südosteuropa« soll in Istanbul stattfinden.[17]

Das Sekretariat des Budapester Prozesses ist bei dem International Centre for Migration Policy Development (ICMPD) angesiedelt. Um die informelle Arbeitsweise der auf Zentral- und Osteuropa ausgerichteten Flüchtlingskonferenzen genauer verstehen zu können, sei kurz die Geschichte des ICMPD beleuchtet: Nach der Auflösung des Ostblocks und dem Beginn des Kriegs in Jugoslawien gründete sich aus den IGC ein Bereich aus, der Zentral- und Osteuropa, vor allem aber Südosteuropa in die gesamteuropäische Flüchtlingspolitik hereinholen wollte, und siedelte unter dem Namen International Centre for Migration Policy Development (ICMPD) nach Wien um. Es wird zur Zeit von zwanzig Regierungen unterstützt. Eine vertragliche Kooperation besteht mit der IOM. Seine MitarbeiterInnen genießen seit 1997 diplomatischen Status. Das ICMPD ist ein multifunktionaler Think Tank, wie er eher in der US-Politik verbreitet ist: Seine Ausläufer reichen bis in die Osteuropa-Fakultäten und in die internationalen Migrationswissenschaften. Das Zentrum hat sich mit dem Hauptbüro in Wien und einem Nebenbüro in Budapest in den Zentren der alten Balkanologie Österreich-Ungarns angesiedelt und in den letzten Jahren die »Migrationskontrolle« mit »strategischen Beratungen« vor allem auf dem Balkan zu entwickeln versucht.[18] Inhaltlich vertritt das Zentrum unter J. Widgren eine Aufwertung der Flüchtlings- und Migrationspolitik zu einer Art Leitwissenschaft in der Politologie und zum Leitfaden fast aller Regierungsressorts: Alles, was auf der Welt passiert, vom Bevölkerungswachstum bis zum ökologischen Desaster, wird unter das Ursachenszenario des weltweiten Flüchtlingsthemas subsumiert, das die Sicherheit des Westens in einzigartiger Weise herausfordere. Damit wird die internationale Flüchtlingspolitik zu einem Politikbereich erster Ordnung, dem die Geo- und Militärpolitik, die Ökologie und die innere Sicherheit, die Außenpolitik und die Entwicklungshilfe untergeordnet werden müssten. Die Regionalisierung der Flüchtlingspolitik hat der Leiter des ICMPD schon frühzeitig als Strategie zur Bekämpfung der Zugangsmöglichkeiten in den Westen proklamiert.[19]

Mit der Skizzierung der beiden internationalen Flüchtlingskonferenzen im Vorfeld des NATO-Kriegs wollen wir nicht nur deutlich machen, in welchem Ausmaß Flüchtlingskonzepte zum Motor eines europäischen Einigungsprozesses und neuer politischer Formationen geworden sind, sondern auch, wie sehr die Polizeizusammenarbeit hierbei eine Rolle spielt und dass polizeiliche Maßnahmen zum Abschneiden der Fluchtwege zu einem integralen Teil des aktuellen Konzepts der Regionalisierung der Fluchtbewegungen aufgerückt sind.

Behörden und Gremien in Deutschland und der Europäischen Union:
BGS: Bundesgrenzschutz. Zentrale: Grenzschutzdirektion Koblenz.
BAFl: Bundesamt für die Anerkennung ausländischer Flüchtlinge, Nürnberg. Zentrale der Asylanhörungs- und Entscheidungsverfahren.
Schengen: Flüchtlingsfeindlicher polizeilicher Zusammenschluss westeuropäischer Länder. Errichtung einer gemeinsamen Außengrenze und gemeinsamer Fahndungsprogramme im Inneren (Schleierfahndung, Datenaustausch u.a.). Übernahme von Schengen in die EU-Politik durch den Amsterdamer Vertrag.
Die drei Säulen der **Europäischen Union (EU)**:
1. Die vergemeinschafteten Bereiche, in denen die EU legislativ vereinheitlicht und parlamentarisch abgesichert handelt. Überwiegend wirtschaftliche Bereiche.
2. Gemeinsame Außen- und Sicherheitspolitik (GASP). Entwickelt sich von der zwischenstaatlichen Koordination zu einem EU-Gemeinschaftsamt. Der **Rat für Allgemeine Angelegenheiten** versammelt die Außenminister.
3. Justiz und Inneres. Zwischenstaatliche Koordination ohne parlamentarische oder öffentliche Kontrollmöglichkeit. Die künftige allmähliche Vergemeinschaftung läuft in den kommenden fünf Jahren unter besonderen Bedingungen (Einstimmigkeit, Abspaltung einzelner Aspekte der Asyl- und Visumspolitik in die Vergemeinschaftung – 1. Säule –, andere Aspekte verbleiben im zwischenstaatlichen Geheimbereich).
• **Der Rat der Minister Justiz und Inneres**: Entscheidet einstimmig über alle Rechtsakte auch in den kommenden fünf Jahren. Das Entscheidungsverfahren wird auf folgenden Stufen vorbereitet:
• **Ausschuss der ständigen Vertreter (AstV)**, permanente Organisationsstruktur in Brüssel.
• **K.4 Ausschuss**, zusammengesetzt aus hohen Beamten, benannt nach dem Artikel K.4 des Maastrichter/Amsterdamer Vertrags. Es handelt sich dabei um das Nachfolgegremium von TREVI und die Kerngruppe, die Schengen ausgearbeitet und in Gang gesetzt hat.
• Gruppen zu Einzelfragen, seit 1999 koordiniert durch den »Strategischen Ausschuss für Einwanderungs-, Grenz- und Asylfragen«. Arbeitsgruppen bestehen z.Z. zu: Migration, Rückführung, Visa, Asyl/EURODAC/Dubliner Abkommen, CIREA, **CIREFI**, Grenzen/gefälschte Dokumente. – Zur Arbeitsgruppe CIREFI: Informations-, Reflexions- und Austauschzentrum für Fragen im Zusammenhang mit dem Überschreiten der Außengrenzen, Brüssel. EU-Koordinationsstelle für die Aufrüstung der Außengrenzen.
Die »**Sondergruppe**« oder »**Hochrangige Arbeitsgruppe Asyl und Migrati-**

on« (HLWG) setzt sich ungewöhnlicherweise aus Mitgliedern aller drei Säulen und aus den unterschiedlichen Entscheidungsstufen zusammen.

Zwischenstaatliche Organisationen und Programme:
ICMPD: International Centre for Migration Policy Development, Wien. Think Tank und Koordinationsstelle der Grenzaufrüstungen in Zentral-, Ost- und Südosteuropa. Sekretariat des »Budapester Prozesses«.
RIC: Repatriation Information Centre, Sarajewo. Eröffnung weiterer Büros in anderen Balkanländern in Kürze. Ableger des ICMPD. Clearingstelle für die Rückkehr und Abschiebung bosnischer Flüchtlinge. Informationszentrum der Protektoratsverwaltung.
IGC: Inter-governmental Consultations on Asylum, Refugee and Migration Policies in Europe, North America and Australia, Genf. Koordinationsstelle der westlichen Flüchtlings- und Migrationspolitik.
Budapester Prozess: Europaweite Ministerkonferenzen der Flüchtlingspolitik; begann auf Initiative der deutschen Regierung 1991, verfügt heute über eine arbeitsfähige permanente Struktur.
IOM: International Organisation for Migration, Genf. Internationale Rückkehrhilfen, Studien zu Migration und Flucht, Flüchtlingslager-Knowhow; im Kosovo wandelt die IOM einen Teil der UCK in das Nachkriegs-»KosovoCorps« um.
IBPC: International Border-Police Conference. Zentral- und osteuropäischer Verbund der Grenzpolizeien. Verbundsystem zur Registrierung und Zentralisierung der Daten heimlicher GrenzüberschreiterInnen beim ICMPD.
TIES: Trafficking Information Exchange System. Verbundsystem West- und Zentraleuropas zur Registrierung und Zentralisierung der Daten heimlicher GrenzüberscheiterInnen und FluchthelferInnen bei IGC, künftig bei CIREFI.[20]
UNHCR: Hoher Flüchtlingskommissar der Vereinten Nationen, Genf. Verfügt über Vertretungen in den meisten Staaten.

1.3.2. Aktionspläne, Sondergruppen, Fluchtwegefahndung

Der erste und bisher einzige europäische Aktionsplan, der die Errichtung eines Sicheren Hafens (im Nord-Irak) und das Abschneiden der Fluchtwege in Südosteuropa als EU-übergreifende gesamteuropäische Aufgabe formulierte, stammt aus der Feder deutscher Bundesbehörden: Es ist der sogenannte Irak-Aktionsplan, der auf Recherchen des BGS und des BAFl im Frühjahr 1997 in Südosteuropa basierte und im Dezember 1997 zu einem Thema oberster Priorität in den Schengener und EU-Gremien avancierte.[21]

Eine die Recherchen zusammenfassende Schrift der Grenzschutzdirektion des BGS ermöglicht Einblicke in das Vorgehen des BGS nicht nur gegen irakische KurdInnen, sondern allgemein gegen Flüchtlinge und MigrantInnen auf der Route durch Südosteuropa.[22] Der BGS beschreibt den Weg in seinen potentiellen Stationen mit einer Fülle von Namen, Adressen, Telefonnummern und individuellem Aussehen von als FluchthelferInnen eingeschätzten Personen aus den Umkreisen von Kirchen, Reisebüros, Parteileuten, Pensionen und Hotels.[23] Die Journalistin Adriana Kuci, die bei der Zeitung Oslobodjenje in Sarajewo arbeitet, berichtete kürzlich, wie sie in diese Fahndungsrecherche verwickelt wurde und sich schließlich aktiv daran beteiligt hat.[24]

Am 9./10. Oktober 1997 brachte Kurt Schelter, seinerzeit Staatssekretär des deutschen Bundesinnenministeriums, die vom BGS dramatisierte Zuflucht von irakischen KurdInnen und anderer Flüchtlinge über Südosteuropa auf die Tagesordnung einer informellen Konferenz der Innen- und Justizminister des Rats der EU in Mondorf-les-Bains. Die Minister entschieden, die Sache zu einer Angelegenheit des gesamten Rats der EU zu machen, und beauftragten das K.4-Komitee mit der Ausarbeitung einer Durchsetzungsstrategie in der EU.[25]

Am 21. Oktober 1997 wertete das Centre for Information, Discussion and Exchange on the Crossing of Borders and Immigration (CIREFI) – die Clearingstelle des EU-Grenzregimes – eine polizeiliche Fragebogenaktion über irakische Flüchtlinge und ihre Fluchtwege aus und besprach Maßnahmen zur Abschottung gegenüber Südosteuropa. Mit ihrem Bericht an den K.4-Ausschuss vom 24. Oktober 1997 erhob CIREFI die Polizeirecherchen zu Südosteuropa in den Rang eines ausführlichen Begründungszusammenhangs der EU-Politik.[26]

Am 2. Dezember 1997 hat die Alarmierung zur Balkan-Route die Ständige Vertretung der EU in Brüssel erreicht; dem schriftlichen Planungsstand ist zu entnehmen, dass bei der Umsetzung des Irak-Aktionsplans neben den regulären Arbeitsgruppen, die beim Rat der EU, Bereich Justiz und Inneres angesiedelt sind und mit der Abschottung der Festung Europa befasst sind, auch Europol eine Schlüsselrolle erhalten soll.[27]

Am 4./5. Dezember 1997 verabschiedeten die Innen- und Justizminister der EU Empfehlungen gegen die »organisierte illegale Immigration« aus dem Irak über Südosteuropa, die das K.4-Komitee bzw. dessen Untergruppen erarbeitet haben.[28] Der damalige deutsche Innenminister Kanther drang in seiner Vorlage für die Ratssitzung auf die »unverzügliche Einberufung eines Sondertreffens mit den an der Balkanroute gelegenen Staaten zur Einbindung in die Gesamtbekämpfungsstrategie«.[29]

Am 26. Januar 1998 verabschiedete der Rat für »Allgemeine Angelegenheiten« der EU den Irak-Aktionsplan, der sich wie das komplementäre Gegenstück zu den *Conclusions* der Budapester Konferenz zur Südosteuropa-Route vom Juli 1998 liest.[30]

Bei den bundesdeutschen Behörden, die die Balkanroute-Hysterie ursprünglich mit ausgelöst hatten, zog man folgende Konsequenzen: Der BGS richtete eine »Sonderkommission zur Bekämpfung der Einschleusung und der illegalen Einreise irakischer Staatsangehöriger« bei dem Grenzschutz- und Bahnpolizeiamt Weil am Rhein ein. Alle entsprechenden Informationen und Ermittlungen sollen dort zusammenlaufen.[31] Dem BAFl wurden – nach einer Probephase von Dezember 1998 bis Mai 1999 – 33 Stellen für sogenannte Reisewegsfahndungen bewilligt; damit »sollen gezielt Erkenntnisse des Bundesamtes im Bereich der illegalen Migration und des Schleusertums – IT-gestützt – gebündelt werden, um deren Erfassung und Auswertung zu erleichtern und systematisch durchzuführen. Die dadurch gewonnenen Erkenntnisse kommen dann sowohl den mit der Bearbeitung der entsprechenden Herkunftsländer betrauten Entscheidern als auch den (Grenz-) Polizeibehörden sowie dem Bundesministerium des Inneren und anderen interessierten Behörden zugute.«[32] Es sind freigestellte Entscheider in Rotation, die die Routenfahndung betreiben werden. Wöchentliche Berichte haben sie in ihrer Zentrale abzuliefern.

Man kann wohl kaum sagen, dass die vor Ort arbeitenden Behörden allein ein Anhängsel der internationalen Flüchtlingspolitik wären oder umgekehrt. Kennzeichnend ist eher ihre gegenseitige Bestätigung in der Festschreibung von Feind- und Fahndungsbildern, die immer stärker auf phänotypische Personenbeschreibungen und geographische Routen fixiert werden, und die kompetenzsprengenden Implikationen im Abwehrkampf. Das Recht auf Asyl wird vollends von seinem politischen Platz weggeschoben: handelt es sich ursprünglich um die gesellschaftspolitische Frage nach den Fluchtgründen, tritt nun an diese Stelle die polizeiliche Fahndungsfrage zur Transitroute. Und was berechtigt den deutschen Bundesgrenzschutz zu eigenmächtigen Recherchen zu Fluchtwegen auf dem Balkan?

Dieses hierarchie- und ressortüberspringende Moment in staatlichen Strukturen der Flüchtlingspolitik finden wir auch in einem neugeschaffenen Gremium der EU, das sich unter anderem dem Balkan zugewendet hat. Am 1. Juli 1998 legte die österreichische Regierung bei der Übernahme der EU-Präsidentschaft das bereits erwähnte Strategiepapier zur Flüchtlingspolitik vor, in dem die Einrichtung eines Frühwarnsystems über drohende illegale Zuwanderung und – eng damit verbunden – die Erarbeitung von Aktionsplänen gegen einzelne Herkunftsländer und bestimmte Fluchtrouten vorgeschlagen wurden. Als Ergebnis der EU-weiten Diskussion dieses Strategiepapiers im Dezember 1998 setzte der EU-Rat für »Allgemeine Angelegenheiten« eine sogenannte Sondergruppe oder *task force* ein, die unter Federführung des Bonner Auswärtigen Amtes »horizontale Analysen einer begrenzten Anzahl von Herkunftsländern von Asylbewerbern und illegalen Einwanderern erstellen und auf dieser Grundlage konkrete Vorschläge für Maßnahmen zur Steuerung oder Eindämmung der Migrationsströme aus diesen Ländern unterbreiten« soll.[33] Zwecks Gründung dieser *task force* wurde eine »Hochrangige Arbeitsgruppe Asyl und Migration« eingerichtet, die am 17. Dezember 1998 zusammentrat. In ihrer Zusammensetzung beschränkt sie sich nicht auf die dritte Säule der Europäischen Union (Justiz und Inneres), sondern bezieht auch die Außen- und Sicherheitspolitik (GASP), die Entwicklungszusammenarbeit und andere Bereiche ein. Die fest geregelten Entscheidungsebenen der EU wurden ebenfalls übergreifend in die Sondergruppe integriert, so dass ihre Kompetenz und institutionelle Anbindung seltsam unklar belassen ist.

Am 11. Januar 1999 entschied die Sondergruppe, dass gegen Flüchtlinge und MigrantInnen aus sechs Länder mit ihren Nachbar- und entsprechenden Transitländern Aktionspläne entwickelt werden sollten: 1. Afghanistan/Pakistan, 2. Albanien (Kosovo), 3. Marokko, 4. Somalia, 5. Sri Lanka, plus 6. Irak und seine Nachbarländer, zu dem es bereits einen EU-Aktionsplan gibt. Nach dem Vorbild des Aktionsplans Irak geht es um die Schwerpunkte Analyse von Flucht und Migration, ökonomische und entwicklungspolitische Maßnahmen zur Fluchtverhinderung, Aufbau regionaler Fluchtalternativen, Rückübernahme und Rückführung der Flüchtlinge, Bekämpfung der Fluchthilfe. Kosovo / Albanien findet sich auf der Prioritätenliste der Sondergruppe an zweiter Stelle, hat aber zwischenzeitlich zweifellos erste Priorität.[34] Mit anderen Worten: Seit Januar 1999 arbeitet eine der unkonventionellsten Arbeitsgruppen der EU an einem Aktionsplan gegen Flüchtlinge aus dem Kosovo und aus Albanien. In der Diskussion sind: Personendatenaustausch zu Albanien und Kosovo, Fingerabdrucknahme aller oder möglichst vieler AlbanerInnen; Einflussnahme auf die Medien Albaniens und des Kosovo, um potentielle Flüchtlinge von der Flucht nach Westeuropa abzuhalten; Einwirken auf die Regierung Albaniens, Jugoslawiens und der Nachbarstaaten, damit sie Ausreisehindernisse gegen AlbanerInnen entwickeln; besonderer Druck auf die Länder, über die sich KosovarInnen nach Westeuropa flüchten könnten. An der Ausarbeitung des Aktionsplans sind auch der UNHCR, die IOM und diverse NGOs beteiligt.[35] Die Aktionspläne sollen bis zum Tampere-Sondergipfel im Oktober dieses Jahres vorliegen. Der Aktionsplan zur Umsetzung des Amsterdamer Vertrags von 12/1998 tritt wie der Amsterdamer Vertrag im Sommer in Kraft; binnen fünf Jahren sollen hauptsächlich die Bereiche Justiz und Inneres einen einheitlichen EU-»Raum der Freiheit, der Sicherheit und des Rechts« herstellen. Dabei findet eine Integration der Schengen-Instrumente in EU-Recht binnen fünf Jahren statt, die zentralen Instrumente der Flüchtlingsabwehr sollen allderdings bereits binnen zwei Jahren integriert und die Anpassung der Asylpraxis der Beitrittsländer soll abgeschlossen sein.[36]

Wenn man sich vergegenwärtigt, dass die Entwicklung von EU-Initiativen in der Flüchtlingspolitik auf neue polizeiliche und grenzpolizeiliche Formierungen zurückgeht, dann verwundert es kaum, dass wir eine vorhergehende Parallele in den Organen der Schengener Vertragsstaaten vorfinden. Der Schengener Exekutivausschuss setzte ein Jahr zuvor am 15. Dezember 1997 in Wien seine *task force* ein, »die die Durchführung der vom Exekutivausschuss vorgeschlagenen Maßnahmen zur Intensivierung der Abwehr illegaler Zuwanderung steuern und weiterentwickeln soll.«[37] Schwerpunkt der Schengener *task force* ist ebenfalls Südosteuropa, namentlich die Transitstationen in Albanien, in Sarajewo und Zagreb. Während die EU-Sondergruppe offensichtlich darauf abzielt, die Regierungen der ins Visier genommenen Länder zur Übernahme neuer flüchtlingsfeindlicher Strategien zu bewegen, richtet sich die Schengener *task force* an die Polizeien jener Länder. So heißt es im Beschluss des Exekutivausschusses Schengen auf derselben Wiener Sitzung vom 15. Dezember 1997, dass auch außerhalb der Europäischen Union die Schleierfahndung etabliert werden soll, also Kontrollen nicht nur an den Grenzen, sondern auf den

Überlandstrecken. In der Schengener Sprache wird das die »Durchführung von Vorfeldkontrollen an näher zu definierenden Risiko-Einsteigestellen« genannt.[38]

Bei der schwer zu gliedernden Verflechtung von Behörden, zwischenstaatlichen Gremien und Think Tanks der europäischen Flüchtlingspolitik fällt eine überraschende Gleichzeitigkeit auf: Ab Frühjahr 1997 – es ist die Zeit des Zerfalls des albanischen Staats, und Bosnien-Herzegowina ist noch stark vom Krieg gezeichnet - entsteht ein regelrechtes Bedrohungsszenario durch »den Balkan«. Die verschiedenen politischen Ebenen bestärken sich gegenseitig in der Dringlichkeit, mit der die Balkanroute zerschlagen werden müsste. Zu dieser geographisch ausgerichteten Intensität der geplanten Flüchtlingsbekämpfung gibt es keinen Vergleich anderer angeblicher migrationspolitischer Brennpunkte in Europa. Die beschworene Notwendigkeit, mit allen Mitteln dort zu intervenieren, zeitigt starke Rückwirkungen auf die beteiligten Behörden und zwischenstaatlichen Strukturen. Neue Instrumente angeblich probater Kampfmittel wie eine hierarchie- wie kompetenzübergreifende *task force* und eine gigantische Datenerfassung sind im Aufbau begriffen.

1.3.3. Datentechnik und Feindbilder

Der letztgenannte Punkt, die Datenerfassung, hat wahrscheinlich ausgehend von den Fluchtwegefahndungen deutscher Behörden zu einem schnell wachsenden Unterbau angeblicher Fakten geführt.[39] Der BGS fasst seit Kriegsbeginn täglich (!) die Zahlen nicht nur der kontingentierten, sondern auch der registrierten illegalisierten kosovarischen Flüchtlinge in einem Meldedienst entsprechender Kontrolldaten aus weit über einem Dutzend Staaten zusammen und verbreitet sie international.[40]

Seit der Prager Ministerkonferenz 1997, die im Rahmen des Budapester Prozesses stattfand, arbeiten die IGC für die westlichen und das ICMPD für die zentral-, ost- und südosteuropäischen Staaten an der internationalen Vereinheitlichung der polizeilichen Datenerfassungskriterien bei der Fahndung nach heimlichen GrenzgängerInnen und FluchthelferInnen. Die Genfer IGC fungieren dabei seit 1996 als Zentrale über ein System des internationalen Datenaustauschs und der -auswertung unter dem Namen *Trafficking Information Exchange Sy-*

stem (TIES), an dem folgende Staaten teilnehmen: Australien, Belgien, Dänemark, Deutschland, Finnland, Großbritannien, Kanada, Niederlande, Norwegen, Schweden, Spanien, USA.

Mithilfe eines ähnlichen zentral- und osteuropäischen Systems der International Border-Police Conference (IBPC) liefern seit 1995 die Grenzpolizeien folgender Staaten ihre Daten an das ICMPD in Wien: Bayern (eigener Grenzschutz), Bulgarien, Deutschland, Lettland, Litauen, Kroatien, Österreich, Polen, Rumänien, Russland, Schweiz, Slowakei, Slowenien, Ukraine, Ungarn. Die einzige Länderüberschneidung beider Systeme bildet also Deutschland.

Aufschluss über die beiden Systeme und die Perspektiven der Datenverknüpfung liefert der Text »Comparative analysis (preliminary version) of the information exchange systems on illegal migration established by the International Border-Police Conference (IBPC) and by the Inter-governmental Consultations (ICG)«; Autor ist Tom Tass, seines Zeichens Berater des ICMPD, das diesen Text 1997 herausgegeben hat.[41] Die komparative Studie erschöpft sich nicht in technologischen Vergleichen beider Systeme und Empfehlungen, sondern rekurriert auf den »strategischen« Ansatz einer engen zeitlichen Verknüpfung von Datenermittlung und Flüchtlingsbekämpfung. Die IGC sind auf diesem Weg bereits weiter vorangeschritten.[42]

Die IBPC-Daten haben bisher wesentlich weniger Kategorien zu den persönlichen Reiseumständen, sehr viel mehr dagegen zu der Art der Fälschung der Dokumente und zu Querverbindungen zu anderen Delikten der *Organisierten Kriminalität*. In der vergleichenden Studie wird nahegelegt, wie die jeweiligen Kategorien künftig übergreifend eindeutig definiert werden und durch standardisierte zusätzliche Berichte ergänzt werden könnten. Als wichtigste Neuerung wird aber die schnelle zeitliche Analyse und Interpretation bei dem IGC-Modell herausgestellt, das in seiner Zielsetzung eine Verknüpfung mit der »Entwicklung konkreter Maßnahmen zur Bekämpfung des *trafficking* von Ausländern« vorsieht.

Der Weg dorthin ging zunächst über eine monatliche »taktische« Datenanalyse des IGC, mit Beginn im Juli 1997, auf deren Basis dann zweimal jährlich »strategische« Analysen als Vorlage für die *Trafficking*-Arbeitsgruppe der IGC erscheinen.

Wenn man sich die Datenberge vor Augen hält, die monatlich bei TIES und IBPC zusammengetragen werden – es dürften die Daten von jeweils weit über 10.000 Personen sein – , wird deutlich, dass der politischen Interpretation der Daten höchster Stellenwert zukommt. Die statistische Erfassung phänotypischer Kriterien wie physisches Aussehen, gesprochene Sprache und die Registrierung von Tätigkeiten und Einkommenszweigen lässt befürchten, dass eine solche Maschinerie der Objektivierung und des Technikprestiges die Feindbilder in der Gesellschaft und der Polizei noch weiter verfestigen wird.

Die Bestimmung von migrationspolitischen Schwerpunkten, die sich auf die Dateninterpretationen stützen, machen aus politischen Entscheidungen mehr und mehr technische Gegebenheiten, die nicht mehr hinterfragt werden können. So entsteht ein High-tech-Apparat der Legitimationsbeschaffung für politische, polizeiliche und sogar militärische Vorgehensweisen.

Abschließend sei jedoch angemerkt, dass die mächtigen Interventionsinstrumente der NATO und der westeuropäischen Flüchtlingspolitik auf dem Balkan einer Allmachtsphantasie zu entspringen scheinen, die deutlich mit den wenig verstaatlichten Gesellschaften Südosteuropas kontrastieren. Was ist, wenn die Flüchtlinge nicht neben ihren angezündeten oder zerbombten Häusern im Kosovo in Lagern und Baracken gehalten werden wollen? Wenn sie in großen Gruppen über die Adria oder über den Landweg aufbrechen, nach Westeuropa? Und wenn auch die albanischen Staatsangehörigen nicht davon ablassen werden, auf die Schlauchboote zu setzen und sich Einkommensquellen in Westeuropa zu besorgen? Angesichts der kriminellen Energie, mit der der Krieg entfacht und geführt wurde und mit der die Flüchtlingsfahndung läuft, haben wir im Laufe des Jahres möglicherweise die kosovarischen, albanischen und jugoslawischen Flüchtlinge nicht nur mit offenen Armen zu empfangen, sondern zugleich wird eine gehörige Anstrengung nötig sein, ihre Einreise und ihren Aufenthalt gegen innenpolitischen Widerstand zu sichern.

1.4 Die Allied Havens

Die Diskussion über die Regionalisierung von Flüchtlingsbewegungen oder ihre Umlenkung in ferne Regionen der Drei Kontinente ist nicht neu in diesem Jahrhundert – man erinnere sich an den Madagaskar-Plan der Nazis –, sie hat aber im letzten Jahrzehnt dieses Jahrhunderts eine Renaissance erfahren. Jonas Widgren, einer der führenden Köpfe bei den Institutionen der europäischen Flüchtlingsabwehr und heute Leiter des ICMPD, hat schon 1990 die Regionalisierung der Flüchtlingsbewegungen als Strategie zur Bekämpfung der Zugangsmöglichkeiten in den Westen empfohlen.[43] Und im gleichen Jahr schlug der damalige deutsche Innenminister Schäuble in einem Entwurf einer Flüchtlingskonzeption von 18. Januar 1990 vor, »dass potentielle Aufnahmeländer in anderen Regionen in Betracht gezogen werden. Vor allem könnten südamerikanische, aber auch afrikanische Länder in diese Überlegungen einbezogen werden. Geeignet wären insbesondere große Flächenstaaten mit dünner Besiedlung und großem Kapitalbedarf zur Entwicklung einer leistungsfähigen Infrastruktur und Volkswirtschaft«, und 1991 sprach eine Expertise des deutschen BMI von »verfolgungssicheren Zonen«, die in den Herkunftsländern der Flüchtlinge zu errichten seien und von denen auf nicht politisch Verfolgte ein Abschreckungseffekt ausgehen müsse.[44]

Nachdem das Konzept der »Safe Havens« im Bosnienkrieg durch die UN-Truppen selbst desavouiert wurde – in Srebrenica wurde der sichere Hafen zum Ort selektiven Massenmords –, wurden derartige Pläne offenbar eine Zeit lang zurückgestellt; in Europa hatte die Implementierung des Schengen-Abkommens und die Einbeziehung des Vorfelds der Festung in ein System von Migrationskontrollen und Rückschiebungen Vorrang. Der kurdische Irak allerdings war zwischenzeitlich zu einem großen Reservat für Kurden, unter Lufthoheit der Vereinigten Staaten, entwickelt worden. Die Flüchtlingsbewegungen waren im Mittleren wie auch in Fernen Osten – mit der Ausnahme der TamilInnen – wie auch in Afrika weitgehend regional begrenzt geblieben, wobei natürlich die langen Migrationswege eine Rolle spielten. Aus dem großen Reservat des kurdischen Iraks brachen allerdings Flüchtlinge in großer Zahl auf, und die westeuropäischen Migrationsstrategen hatten das Problem, dass sie die irakischen Kurden nicht über Bagdad in die nordirakischen Flüchtlingszonen zurückschieben konnten. Der bereits oben erwähnte EU-Aktionsplan Irak, für den innerhalb der EU-Sondergruppe (s.o.) die deutsche Bundesregierung zuständig ist, ist erst zum Teil umgesetzt. Er steht bis heute auf der internationalen Agenda. Ziel dieses Aktionsplans ist, dass die Türkei an Bagdad vorbei ein Rückschiebesystem ins irakische Kurdistan und zugleich ein grenznahes Lagersystem aufbauen solle. Die Politik des türkischen Militärs gegenüber der kurdischen Bevölkerung in der Türkei selbst ist dabei kein Hinderungsgrund, sondern die militärische Befriedung der Region auch dort geradezu Voraussetzung für eine kontrollierte Regionalisierung der Migration.

Ein derartiges System aus Militär und Lagern wird nun unter Kriegsbedingungen auch im Kosovo und in Albanien errichtet. Dass Albanien militärisches Aufmarschgebiet ist, hat den beabsichtigten Effekt, dass die seit 1997 weitgehend unter machistisch-autonomen Clanstrukturen lebende Bevölkerung Nordalbaniens – allein schon aus Gründen des Selbstschutzes der Militärkontingente – pazifiziert und damit die albanischen Schmuggler- und Fluchthilfestruktur zerschlagen wird, während die Bevölkerung des Kosovo aus den Großfamilien heraus ins Lagersystem überführt wird. Ohne den Krieg hätte ein derartiges Projekt kaum je in Angriff genommen werden können – alle Hilfsgelder wären in den Clanstrukturen versickert, die Bevölkerungen hätten sich gegen die im europäischen Umfeld unabweislichen Transformationen verwahrt. Erst der Krieg erlaubt, unter dem Eindruck der Not und der pragmatischen Abhilfe, eine Radikalisierung der Bevölkerungspolitik als Flüchtlingspolitik, wobei die Vertreibungen durch die jugoslawische Armee und die serbischen Milizen einerseits und die Errichtung der Lager andererseits eine komplementäre Rolle spielen. In der Tat hat sich im Wechselspiel der Vertreibungen mit dem Aufbau der Lager ein System entwickelt, bei dem die jugoslawische Seite die Verteilung der Flüchtlinge organisiert, indem sie die Vertriebenen mal durch Beschießung der Trecks mobil hält, mal sie mit Bus oder Bahn bis an die Grenzen transportiert, wobei sie zugleich durch gelegentlichen Beschuß der grenznahen Lager die Bereitschaft der Displaced Persons steigert, sich auch in grenzfernere Lager transportieren zu lassen. Nach einer vorübergehenden Schließung der Grenze vom Kosovo nach Mazedonien hat die serbische Polizei die Flüchtlinge aus dem Niemandsland mit Schlägen zurückgetrieben und offenbar mehrere Tausend nach Albanien umgeleitet.[45]

Ende Mai lebt über ein Drittel der 680 000 kosovarischen Flüchtlinge in Mazedonien und Albanien in von der NATO errichteten Lagern. Von ihnen ist im folgenden die Rede, nicht von den relativ Begünstigten, die in Albanien oder Mazedonien bei Angehörigen untergekommen sind, nicht von den 50 000 Flüchtlingen in Montenegro, den 60 000 Flüchtingen in Bosnien-Herzegowina und den 50 000 Flüchtlingen – vor allem Roma –, die nach Belgrad geflüchtet sind.

Aus dem Durchgangslager im mazedonischen Grenzort Blace weist die IOM den Flüchtlingen den Weg in eins der vier Großlager, die von NATO-Heeresverbänden in Mazedonien errichtet und mehrmals erweitert wurden: Cegrane, Stenkovec I und II und Tetovo; ein weiteres Lager wurde von bulgarischem Militär in Brazda errichtet. Vor der letzten Flüchtlingswelle waren Ende Mai in diesen Lagern nach Schätzung des UNHCR 96.300 Personen untergebracht.[46] Die Menschen sind in diesen Lagern interniert: Kontakte zur Außenwelt sind beinahe unmöglich. BesucherInnen, die Lebensmittel vorbeibringen wollen, müssen sich auf lange Wartezeiten gefaßt machen, nach Angaben von Reportern dürfen zehn Personen pro Stunde die Einlaßkontrollen passieren. Die umzäunten Lager werden von mazedonischen Polizisten bewacht. Mehrmals rissen die Internierten die Zäune nieder, es kam zu gewaltsamen Auseinandersetzungen mit der Polizei. Die taz berichtete am 11. Mai 1999 von einer Rebellion von rund 2 000 Displaced Persons in Mazedonien gegen die scharfen Kontrollen in den Lagern. Hohe Zäune umgeben die Areale, mazedonische Polizei ist um alle Lager postiert. Nicht selten werden scharfe Hunde zur Bewachung eingesetzt. Verwandte und Freunde, die Kontakt zu den Flüchtlingen aufnehmen wollen, werden von den Polizisten daran gehindert. Die in den überbelegten Lagern eingepferchten Menschen empfinden sich in Mazedonien – anders als in Albanien, wo die Menschen teils ungehindert die Lager verlassen können – eingesperrt. »Viele haben während der Deportation viel Grausames erlebt, und jetzt sind wir in einem Konzentrationslager gelandet«, klagt ein Internierter. Hintergrund für die scharfe Bewachung sei die Befürchtung, antialbanische Ressentiments der mazedonischen Mehrheitsbevölkerung könnten angeheizt werden, wenn die Displaced Persons allzu sichtbar seien.

Mit den scharfen Kontrollmaßnahmen in den Lagern werde nach Ansicht von Mitarbeitern internationaler Hilfsorganisationen das Ziel angepeilt, möglichst viele Displaced Persons nach Albanien abzuschieben. Jeden Tag werden schon jetzt Hunderte von Menschen nach Albanien verfrachtet.

Über 100 000 Flüchtlinge wurden in den albanischen Siedlungsgebieten, die auf dem östlichen Staatsgebiet mit Zentrum Tetovo liegen, von albanischen Familien aufgenommen. Jedoch seien die Kapazitäten erschöpft, so dass die Flüchtlingslager weiterhin notwendig blieben ...

In den mazedonischen und albanischen Lagern haben vor allem italienische NGOs im Auftrag der internationalen Flüchtlingsorganisationen und der italienischen Regierung die wichtigsten Verwaltungsinstanzen besetzt. Mithilfe von Fragebögen und einem rekrutierten Stab kosovarischer StudentInnen registrieren sie die Flüchtlinge. Möglicherweise entsteht aus diesem italo-kosovarischen Personal der Lagerverwaltung ein Kern für die Neuorganisation der kosovarischen Gesellschaft. Ihr Kennzeichen wäre einerseits die Schwächung der traditionellen patriarchalen Strukturen. Italienischen Zeitungsberichten zufolge seien viele Männer in den Lagern von Apathie gezeichnet, und Antidepressiva rangierten bei der medizinischen Versorgung der männlichen Lagerbevölkerung an erster Stelle. Andererseits wird die Übernahme vieler Initiativen bei gebildeten jungen Frauen beobachtet, und die Verteilung der Hilfslieferungen verzahnt sich mit den vorbestehenden familiären Versorgungsstrukturen.[47] Bei Rückkehr der im Krieg befindlichen Männer, die sich ja, soweit sie nicht in jugoslawischer Haft gebrochen wurden, zwischenzeitlich mehrfach in faschistischen Männerbünden organisiert haben, wird sich das Verhältnis zwischen Frauen und Männern wieder ändern, und eine selbstorganisierte Weiterflucht in großem Stil oder Aufstände in den Lagern können die »Lagerisierung« der kosovarischen Gesellschaft rasch wieder aufbrechen. So unvorhersehbar im Moment die weiteren Entwicklungen auch sind, können wird doch festhalten, dass die internationale Flüchtlingspolitik mit der Betreibung von Großlagern einen Schritt im Sinne einer gestaltenden Gesellschaftspolitik gemacht hat.

Die rigorose Politik der mazedonischen Behörden gegenüber den Flüchtlingen dient nicht zuletzt dazu, den Abschub in das unüberschaubare Universum kleinerer und mittelgroßer Lager in Albanien zu befördern, wo aufgrund einer überschießenden Spendenbereitschaft der Bevölkerung in Mitteleuropa, über die an anderer Stelle nachzudenken ist, Kapazitäten frei sind. Die mazedonische Seite, die immer wieder auch auf eine internationale Verteilung der Flüchtlinge drängt, fürchtet offenbar um das Gleichgewicht zwischen den ethnischen Bevölkerungsgruppen in ihrem Land; die Flüchtlinge wehren sich gegen den Weitertransport, wahrscheinlich weil sie die Versorgungslage in Albanien und die Möglichkeiten zur Weiterflucht nicht abschätzen können. Da kommt die serbische Kooperation gelegen: die taz vom 11. Mai 1999 berichtete, dass 8 000 Flüchtlinge in den vorausgehenden 24

Stunden nach Nordalbanien vertrieben worden seien: »Über die nach offiziellen Angaben geöffnete Grenze nach Mazedonien kamen dagegen nur wenige Flüchtlinge. Nach UNHCR-Angaben blockieren serbische Soldaten und Polizisten den Fluchtweg. Bisher haben sich in den überfüllten mazedonischen Flüchtlingslagern nur 600 Freiwillige gemeldet, die sich in ein neu errichtetes Lager im albanischen Korce verlegen lassen wollten. Der UNHCR-Sprecher betonte jedoch, niemand müsse gegen seinen Willen nach Albanien ausreisen.«

In Albanien soll die Hälfte der 440 000 Flüchtlinge in den kleinen und mittelgroßen Lagern leben, die zum größeren Teil von NATO-Truppen, teils auch von NGOs errichtet wurden. Die NATO zählt in ihren Verlautbarungen einen Teil der Flüchtlingslager auf, die die Militärs gemeinsam mit NGOs in Albanien errichteten: Fier (US-Ingenieure), Elbasan (französische Truppen, britische NGOs), Korce (französische Truppen), Poiske (griechische Ingenieure), Vlore (niederländische Truppen, Rotes Kreuz), Rrashbull (italienische Ingenieure), Hamallaj bei Durrres (spanische Ingenieure).[48] Über die Errichtung des österreichischen Lagers erfahren wir, dass für die Errichtung eines Lagers für gut 1 000 Personen 400 Soldaten, vier Lasthubschrauber, ein Fernsehteam und 18 Tieflader antransportiert wurden, hinzu kamen 2 200 Tonnen Gerät, nicht zum Wenigsten der Stacheldraht. »Es ist eine Wagenburg entstanden, ... mit Stromaggregat und Wasseraufbereitung, mit Feldpostamt, Lazarettmodulen, Metalldetektoren gegen UCK-Waffen, mit Wachturm, dreifachem Stacheldrahtverhau und striktem Befehl für die Aufpasser, das Camp nur in kompletter Kampfausrüstung zu verlassen. Ein Bunker befindet sich in Bau. Draußen ist Feindesland. Es wird von Überfällen auf humanitäre Organisationen berichtet, von Diebstählen und ständigen Versuchen der Einheimischen, bei Aufträgen zu schummeln«.[49] Im »Maßnahmenpaket« der Wiener Regierung war festgelegt, dass die österreichischen NGOs Rotes Kreuz, Caritas, Malteser Orden und die Diakonie einen Teil der Lagerverwaltung und des -betriebs übernehmen sollten.[50] Am 27. April 1999 beschloss die österreichische Regierung, die Wachmannschaften auf 490 Soldaten anzuheben, »für die Sicherheit des Camps und der gespendeten Hilfsgüter sowie die Zutrittskontrolle am Eingang«.[51] Es ist nicht zu übersehen, dass mit den Lagern Militärstützpunkte entstehen, die im Fall eines Kampfauftrags im Handumdrehen umgewidmet werden können.

In den spärlichen Berichten über die inneralbanische Entwicklung unter den Einwirkungen des Kriegs sticht die Beziehung zwischen den Lagern und den diversen lokalen Herrschaften ins Auge. Seit den Aufständen vom Frühjahr 1997 ist Albanien in zahlreiche Territorien zersplittert, die von Warlords und parastaatlichen bewaffneten Gruppen kontrolliert werden. Die Lager werden aufgrund finanzieller Arrangements mit den jeweiligen lokalen Potentaten errichtet – es entstehen Miniprotektorate mit einer Doppelherrschaft von Lagerverwaltungen und Lokalherrschaft, unter dem Direktorium der NATO[52] und Koordination des UNHCR. Auch hier nehmen die NGOs, die sich ja ohnehin in den letzten Jahren oftmals zu einer Art paramilitärischer Einrichtung entwickelt haben, eine wichtige Mittlerrolle wahr.

Allgemein scheint es aber in der überwiegenden Zahl der albanischen Lager für die Flüchtlinge möglich zu sein, die Lager und auch das Land wieder zu verlassen. Während die westeuropäischen Flüchtlingsstrategen Anfang Mai befriedigt feststellen konnten, dass es den Kosovo-Flüchtlingen bislang nicht gelungen sei, das Krisengebiet zu verlassen – ein Grund sei »das Zusammenbrechen der Schlepperorganisationen ... Dies wiederum sei auf die starke NATO-Präsenz in den entsprechenden Gebieten und das verschärfte Vorgehen gegen Schlepper ... zurückzuführen. Auch sei in den Flüchtlingslagern dafür gesorgt worden, dass die Schlepper keinen Kontakt mit den Vertriebenen aufnehmen konnten«[53] –, begeben sich seit Mitte Mai KosovarInnen, aber auch KurdInnen und andere Flüchtlinge wieder auf die zeitweilig unterbrochenen Fluchtwege über die Adria nach Italien. Das Haupthindernis ist derzeit die Patrouillentätigkeit der italienischen Marine, Polizei und des Zolls direkt vor der albanischen Küste. Bei einem Schiffsunglück während einer Verfolgungsjagd direkt vor dem Hafen von Vlore – der italienische Zoll drängte ein Schlauchboot ab, das von einem vierzehnjährigen Fluchthelfer gesteuert wurde – verloren gerade erst eine Frau und sechs Babies ihr Leben. 39 Verletzte wurden in ein Krankenhaus eingewiesen.[54]

Am 27. Mai 1999 stieß ein italienisches Zollschiff auf offener Adria mit einem weiteren Flüchtlingsschlauchboot zusammen, wieder kamen sechs Menschen, darunter Babies und Kleinkinder, um.[55] Aufgrund der wachsenden Militärkontrolle der albanischen Küste gehen daher viele Flüchtlinge über den Umweg Montenegro auf die Adriaschiffe.

Schwieriger ist es, den mazedonischen Großlagern zu entkommen. Einer der Wege ist, sich in ein albanisches Lager verschieben zu lassen – für die Weiterflucht sind dann allerdings Devisen erforderlich, die vielen Displaced Persons nicht zur Verfügung stehen. Der zweite Weg führt über den internationalen Flughafen Skopje in ein Land, das die kontingentierten, vom UNHCR ausgewählten Flüchtlinge auf Zeit aufnimmt. Es ist ein Ausweg, auf den viele hoffen, den aber nur wenige erlangen können. Es gibt Berichte, dass die Plätze auf den Kontingentlisten gekauft werden können. Dass mit diesen Flüchtlingskontingente in Westeuropa eine neue Ära der Flüchtlingspolitik eingeleitet wird, mit welcher der Status des Asylsuchenden weiter unterhöhlt wird, soll weiter unten beschrieben werden. Der dritte Weg aus den mazedonischen Großlagern ist die selbstorganisierte Flucht über Bulgarien, Rumänien, Ungarn, Slowenien oder die Tschechische Republik nach Westeuropa. Die Rückschiebungen von KosovarInnen an der Schengener Außengrenze hatten bereits vor dem Krieg zugenommen, und auch jetzt gehen sie weiter: Die italienischen Grenzschützer schieben die Flüchtlinge nach Slowenien ab, die österreichischen nach Ungarn und der deutsche BGS in die Tschechische Republik. Der erste und der dritte Weg führen, wenn die Flüchtlinge nicht in den Grenzregionen verhaftet und rückgeschoben werden und später keine Angaben über durchfahrene Transitländer machen, in Westeuropa in den Status der Duldung, das heißt einer aufgeschobenen Abschiebung, oder aber in den illegalen Aufenthalt. Bereits jetzt übersteigt beispielsweise in Berlin die Zahl der seit Kriegsbeginn illegal eingereisten KosovarInnen, die eine Duldung erlangt haben, bei weitem die offiziellen Flüchtlingskontingentzahlen der Stadt.

Aber nur den Mobilsten und Wendigsten und denjenigen, die den Transfer bezahlen können, stehen diese Möglichkeiten offen. Der UNHCR ruft nach Geldern, um die 750 000 Menschen in Albanien, Mazedonien und Montenegro versorgen zu können. Man müsse sich auf den Sommer und den kommenden Winter vorbereiten.[56] Mit einer Lagersituation von langer Dauer wird gerechnet, und auch, wenn das Kosovo von Bodentruppen eingenommen würde, mit oder ohne UCK-Polizei, die dann wohl den Part übernehmen würde, weitere Migrationsbewegungen zu verhindern, würden die Menschen ja nicht einfach in ihre Häuser zurückkehren können. Sondern sie würden, ähnlich wie die rückgesiedelten BosnierInnen, in lagerähnlichen Barackensiedlungen unterkommen. Dies würde den zweiten Akt einer gesellschaftlichen Neuordnung durch den Krieg darstellen.

1.5 Kontingentflüchtlinge

Schon seit langem werden kosovarischen Flüchtlingen große Hindernisse in den Weg gelegt, wenn sie nach Westeuropa kommen wollen. Es sei daran erinnert, dass Deutschland 1992 die Visapflicht für StaatsbürgerInnen Jugoslawiens eingeführt hat. In den vergangenen Jahren haben KosovarInnen nur unter erschwerten Bedingungen ein Besuchsvisum für die Einreise nach Deutschland oder Westeuropa erhalten. Angesichts der Zuspitzung im Kosovo sind die EU-Beitrittsländer und die Nachbarstaaten Jugoslawiens – Ausnahme: Ungarn – ebenfalls zur Visapflicht für jugoslawische StaatsbürgerInnen übergegangen.

Die deutsche Botschaft in bombardierten Belgrad ist inzwischen längst geschlossen, und die japanische Regierung, die die Vertretung übernommen hat, stellt keine Visa für Deutschland aus. Es sind nur wenige Flüchtlinge der serbischen Opposition aus Belgrad und aus dem Kosovo, die den Weg bis zur deutschen Botschaft in Budapest geschafft haben. Diese Botschaft erteilte bis Anfang April 1999 noch 100 Visa pro Tag, aber am 6. April wies das deutsche Bundesinnenministerium die Landesinnenministerien an, die lokalen Ausländerbehörden in ihrer Praxis zu bestärken, keine Verpflichtungserklärungen nach § 84 Ausländergesetz für »serbische bzw. kosovo-albanische Volkszugehörige aus der Bundesrepublik Jugoslawien« mehr annehmen.[57] (Die Verpflichtungserklärungen von in Deutschland lebenden Personen sind die Voraussetzung für die Erlangung eines einmonatigen Besuchsvisums, also für die legale Ausreise aus der Kriegs- und Flüchtlingslagerregion.) Seitdem dürfte das Ausstellen von Visa völlig zum Erliegen gekommen sein.

Als weitere restriktive Maßnahmen gegen KosovarInnen in Deutschland seien die Asylanerkennungspolitik, das gezielte Aushungern und die Kriminalisierung genannt: Bis Mitte April 1999 wurde in Deutschland die Vertreibungspolitik der jugoslawischen Regierung im Kosovo nicht als Gruppenverfolgung anerkannt. Als diese Verweigerung des Flüchtlingsschutzes nach Kriegsbeginn ruchbar wurde, hat das Bundesamt für die Anerkennung ausländischer Flüchtlinge (BAFl) einen Entscheidungsstop über Asylanträge von KosovarInnen verhängt.[58] Seit 1998 hat der Berliner Senat vielen Kosovo-Flüchtlingen die Zahlung jeglicher Sozialhilfe verweigert. Es handelt sich um eine erste, exemplarische Anwendung des novellierten Asylbewerberleistungsgesetzes.[59] Das Bundeskriminalamt (BKA) und verschiedene Landeszentralen der Polizei (LKA's) haben 1998 die Zuflucht und Zuwanderung von Kosovo-AlbanerInnen als ein Phänomen der Organisierten Kriminalität stigmatisiert und mit der Einrichtung von Sonderkommissionen gegen die gesamte »ethnische« Gruppe ihre Kriminalisierung vorangetrieben.[60]

Kosovarische Flüchtlinge werden in Deutschland seit dem 3. April 1999 mit einem bundesweit ausgegebenen Erfassungsbogen gesondert erfasst. Wie aus einem Schreiben des Niedersächsischen Innenministeriums vom 8. April 1999 hervorgeht, sind die Bezirksregierungen aufgefordert, rückwirkend die »Zugangszahlen« wöchentlich an die Landesinnenministerien zu melden, die dann wohl an das Bundesinnenministerium und schließlich an zwischenstaatliche Instanzen weitergeleitet werden.[61]

Die offizielle Aufnahme der Flüchtlinge aus den mazedonischen Lagern in Kontingenten folgt der im EU-Strategiepapier 1998 vorgegebenen Linie, den Asylstatus nach der Genfer Flüchtlingskonvention zu untergraben und den Status der Flüchtlinge völlig der politischen Opportunität auszusetzen. Flüchtlinge nach der GFK und nach §16a GG fliehen vor gezielter Verfolgung – an dieser Verfolgung hat ja niemand ernsthaft Zweifel, und so wurde ja auch die humanitäre Militärintervention begründet. Ein »Kontingentflüchtlingsgesetz« von 1980 sollte das Verfahren für offensichtliche – »prima facie« – Flüchtlinge vereinfachen, aber nicht das Asylrecht als solches in frage stellen. Die Kontingentflüchtlinge aus dem Kosovo allerdings wurden, solange noch keine EU-Gesetzgebung besteht, als »Kriegsflüchtlinge« nach §32 AuslG aufgenommen. Ihnen wird unterstellt, dass sie nicht vor der Verfolgung fliehen, sondern nur dem Kriegszustand ausweichen, und dass ein Asylantrag deshalb unbeachtlich sei. Dieses Vorgehen wurde den EU-Innenministern in einem Papier von Schily vorgeschlagen, welches im Februar vorgelegt wurde und welches die Nichtanwendbarkeit der GFK nochmals behauptete. Es wurde ein Quotierungsverfahren des EU-Rats vorgeschlagen; der Anreiz, sich als Vertriebener registrieren zu lassen und einen Asylantrag zu unterlassen, müsse durch eine großzügigere Unterbringung der Vertriebenen im Vergleich zu den »Asylanten« und / oder durch eine entsprechende Verschlechterung der Standards für AsylantragstellerInnen erfolgen.[62]

In der Tat ist in den einzelnen Aufnahmelagern die Besserstellung der kosovarischen Kontingentflüchtlinge deutlich spürbar – nicht zuletzt, weil auch die Spendenbereitschaft der Bevölkerung dafür benutzt wird, diese Flüchtlingsgruppe gegenüber ihren antragstellenden Mitbewohnern zu bevorzugen. Für die Länder hat die Regelung nach § 32 AuslG den Vorteil, dass der Bund sich zu 50% an den Unterbringungskosten beteiligt und pro Person 500 DM zugesagt hat, »längstens jedoch bis zum Ablauf von 6 Monaten nach dem Zeitpunkt, zu dem nach Feststellung der Bundesregierung eine Rückkehr in das Kosovo möglich ist« – so der Beschluß der Konferenz der Innenminister vom 14. April 1999. Binnen sechs Monaten müssen dann die Rücktransporte ins zerbombte Kosovo abgeschlossen sein.

Das sind die Flüchtlinge, wie Politiker sie lieben: per einfachem Beschluß und ohne Rechtsweg kann ihre Flüchtlingssituation für beendet erklärt werden, und die Rückschiebungen können direkt über die Bundeswehr abgewickelt werden. Hinterhältig an dieser Regelung ist nicht nur, das die Besserstellung der Kontingente aus Spenden finanziert und als Komplement zur Rechtfertigung des Kriegs genommen wird, sondern dass den Flüchtlingen die Konsequenzen ihres schriftlich abzugebenden Verzichts auf einen Asylantrag verborgen gehalten werden. Denn solange Milosevics Truppen und Milizen im Kosovo wüten, würden neuerdings Anträge auf Asyl durchaus erfolgversprechend sein – allerdings nur, solange die NATO das Kosovo nicht befriedet hat, denn dann wäre eine Verfolgungsssituation nicht mehr gegeben. Folglich haben die Minister Weisung erteilt, Anträge auf Asyl von Flüchtlingen aus dem Kosovo einfach so lange nicht zu bearbeiten, bis sie wieder unbeachtlich sein würden. Die lockere politische Handhabung der Flüchtlinge entspricht der lockeren Handhabung der Gesetze, und der Krieg machts möglich. Immerhin, kann man sagen, werden die Flüchtlinge nicht, wie in anderen europäischen Ländern, gleich in Militärlagern in Flugplatznähe für den Rücktransport bereitgehalten.

Die Auswahl der Flüchtlinge erfolgte in den mazedonischen Lagern durch oder in Absprache mit dem UNHCR, die Organisation der Flüge durch BGS und Bundeswehr, die NGOs rissen sich um die medizinische Betreuung, die an sich nicht sonderlich notwendig war, für die Selbstdarstellung der Organisationen aber um so wichtiger. Nur die *most vulnerable persons* sollten zugelassen werden – Alte, Frauen, Kranke, Kinder, Männer nur als Väter von Kleinkindern – nicht nur, weil sie es am nötigsten hätten, sondern weil sie auch bei einem späteren Rücktransport keine Schwierigkeiten machen würden. Tatsächlich seien, so beschwerte sich die Presse, statt Alter und Kranker überwiegend Großfamilien gekommen, und ein Platz auf der Kontingentliste sei gegen Geld zu haben gewesen. Die Flüchtlinge wurden in den Aufnahmelagern mit einem Erhebungsbogen erfaßt, ED-behandelt, ins Ausländerzentralregister eingetragen und bedarfsweise einer psychosozialen Betreuung zugeführt, die in einem Zeitraum von drei Monaten ohnehin nur legitimatorischen Charakter haben kann.

Den Kontingentflüchtlingen stehen diejenigen gegenüber, die es schaffen, aus eigener Kraft oder mit Hilfe von Angehörigen einzureisen. Es handelt sich hier um zehn Mal so viel Menschen wie die Kontingentflüchtlinge. Auf einer Telefonkonferenz der Innenminister am 6. April 1999 einigte man sich, keine individuellen Einreisevisa auszustellen, auch nicht auf der Basis von Verpflichtungserklärungen durch Angehörige, wie es für die Bosnienflüchtlinge 1992 gäbe war. Gegen die Ausstellung von Visa und ihre Anrechnung auf die Länderquote spreche vor allem, so das BMI in dieser Konferenz, »dass die erteilten Visa nicht dem angegebenen Zweck (Besuchsaufenthalt) dienen und dass es an einer faktischen Rückkehrmöglichkeit in das Herkunftsland fehlt«.

Die FR vom 20. April 1999 berichtete, dass das BMI eine Hotline für in Deutschland lebende Kosovo-AlbanerInnen eingerichtet habe, die sich um ihre Angehörigen Sorgen machten. Sie erhielten folgende Auskunft: »Ihre Verwandten sind in Mazedonien? Dort funktionieren die Lager perfekt. Da würde ich mich gar nicht mehr darum kümmern, Angehörige nach Deutschland zu holen. Das bringt nur Probleme«. In der Tat scheut sich der BGS nicht, die Flüchtlinge sofort zurückzuschieben, wenn das Transitland nachzuweisen ist. Gelingt es den Flüchtlingen, dieses zu verbergen, so wird ihre Abschiebung für drei Monate aufgeschoben (»Duldung«), ihr Antrag auf Asyl wird gegebenenfalls nicht bearbeitet. Der einzige Erfolg, sich als Flüchtling zu melden, ist derzeit also ein Platz auf der Abschiebeliste, und für die Flüchtlinge ist es jedenfalls besser, sich nicht registrieren zu lassen.

Nach dem Krieg – September 1999*

2.1 Zerstörtes Land

Anfang Juni 1999 veröffentlichte die International Crisis Group eine Studie zur Flüchtlingssituation im gesamten ehemaligen Jugoslawien unter dem Titel »The Balkan Refugee Crisis: Regional and long-term perspectives«,[63] in der der aktiven, auch erzwungenen Rückschiebung von bosnischen, kosovarischen und serbischen Flüchtlingen in die Region das Wort geredet wird. Die durchgesetzte Regionalisierung der Flüchtlingspolitik, also das Auffangen der Flüchtlinge in ihren Herkunftsregionen, soll durch ein gesellschaftspolitisches Zukunftsprogramm für den Balkan abgesichert werden. Das Bild der Flüchtlingssituation im ehemaligen Jugoslawien ist allerdings düster. Aufgelistet werden Zahlen von Displaced Persons, die bisher kein eigenes Dach, geschweige denn ein geregeltes Einkommen gefunden haben, und deren Schicksal in Westeuropa in Vergessenheit gerät:

DPs aus Bosnien-Herzegowina:		
Jetziger Aufenthalt		**Personen**
Bosnien-Herzgw., andere Landesteile		836.500
BR Jugoslawien	bosn. SerbInnen	223.000
Kroatien	KroatInnen	30.000
Westeuropa		128.000
DPs aus Kroatien:		
Jetziger Aufenthalt		**Personen**
BR Jugoslawien	kroat. SerbInnen	bis zu 300.000
Kroatien	KroatInnen	62.000

In den Nachbarländern Montenegro, Mazedonien, Albanien und Bosnien-Herzegowina halten sich nach Angaben des UNHCR am 8. Juni noch 127.600 kosovarische Flüchtlinge auf. 628.000 KosovarInnen, die in die Nachbarländer geflüchtet waren, sind wieder in den Kosovo zurückgekehrt, aber ein Teil ihrer Häuser sind zerstört, entweder durch

* Bis hier handelt es sich um einen Text, den wir im Mai fertiggestellt hatten. Da sich die Publikation lange verzögert hat, hatten wir Gelegenheit, folgenden Nachtrag anzuhängen.

jugoslawisches Militär, serbische Polizei und Parapolizei, oder durch die NATO-Bombardierung. Die IOM leitet inzwischen die Rückkehr von KosovarInnen aus Mazedonien, soweit sie sich nicht selbständig auf den Weg machen. Die Busrückfahrten aus Albanien haben der UNHCR und dort stationierte NATO-Einheiten übernommen, im Kosovo werden sie von der IOM in Empfang genommen.[64]

Der zitierten Studie ist zu entnehmen, dass die internationalen Organisationen damit rechnen, dass die desolate Situation im gesamten Jugoslawien voraussichtlich lange Zeit anhalten wird. Abhängigkeit von ausländischen Hilfsprogrammen bei gleichzeitiger Abschottung der Region, was die Flüchtlinge betrifft – das ist die Zukunftsvision der Experten. An die westlichen Regierungen gerichtet, empfehlen sie dringend eine »Harmonisierung« der regionalisierenden Flüchtlingspolitik.

Im Auftrag der UN-Übergangsverwaltung verschaffte sich der UNHCR Anfang Juni einen provisorischen Überblick über die Kriegsschäden in 141 Dörfern des Kosovo:[65] 64 Prozent der Häuser sei schwer beschädigt, weitere 20 Prozent leicht beschädigt. 40 Prozent der Wasserversorgung sei kontaminiert, viele durch gestorbenes Vieh und verweste Leichen. Weizen sei nur noch in 35 Prozent der Dörfer erhältlich, Öl in 28 Prozent, Zucker in 23 Prozent, Früchte in 18 Prozent, Kaffee in 12 Prozent und Fleisch in 7 Prozent der Dörfer. Die Gesundheitsversorgung sei in 88 Prozent der Dörfer nicht mehr möglich. UNICEF berichtet der UN-Übergangsverwaltung, dass 40 bis 50 Prozent der Schulen beschädigt seien, und die FAO, dass 80 Prozent der Kornproduktion verloren sei.

Am härtesten sind Roma von der desolaten Situation und zusätzlich von der Vertreibung bei gleichzeitiger Schließung der Grenzen getroffen. Marko Nicolic vom Verband der Roma in Jugoslawien schätzt die Zahl der Roma in ganz Serbien auf eine halbe Million, im Kosovo auf 100.000 bis 150.000. In einer Reportage von Milan Dragovic von Anfang Juni heißt es:

»Sameja Jasari ist verzweifelt. Und wütend. ›Ich bringe Milosevic um und Rugova auch!‹ ruft der Anführer einer Roma-Truppe, die im Hof einer Schule in Kosovo Polje gestrandet ist. Rund um die Schule sind fast 5 000 Ausgestoßene zusammengeströmt, zumeist Großfamilien mit zahlreichen Kindern, die nicht mehr ein noch aus wissen. Die Serben wollen sie nicht einreisen lassen und schicken sie ins Kosovo

zurück, doch dort wollen die Roma auf keinen Fall bleiben: Die Kämpfer der Kosovo-Unabhängigkeitsbewegung machen regelrecht Jagd auf Roma, wo immer sich einer blicken lässt. ... Überall in dem Lager riecht es stark nach Urin. Täglich gibt es weniger Wasser, dafür wachsen die Müllberge in den Himmel. ›Die sanitären Bedingungen sind katastrophal und hochbrisant‹, sagt Vincent Cadiergue, Koordinator der Hilfsorganisation Médecins du Monde (MDM), die seit vier Tagen bei der Schule in Kosovo Polje einen Stützpunkt aufbaut. Es gebe bereits zahlreiche Fälle von Atemwegs- und Durchfallerkrankungen. Nun kämen auch Krätze und Hauterkrankungen hinzu.«[66]

Wovon wird die Bevölkerung im Kosovo, und übrigens auch in Albanien, künftig leben? Eine Einkommensquelle sind Tribute, die wenn nicht das Militär, dann doch die NGOs und zwischenstaatlichen Organisationen im Protektorat an die örtlichen Machthaber entrichten müssen. Zum Teil handelt es sich dabei um extralegale Abzweigungen, zum Teil aber auch um ein legales Unterschichtungssystem der Hilfsgüterverteilung, das sich für die Subunternehmer des Ehrenamts auszahlt.

USAID veröffentlichte zum Kriegsende den WFP/UNHCR-Plan für die ersten 60 Tage der Nachkriegszeit im Kosovo, demnach wurde der Kosovo in sieben Areas of Responsibility (AORs) aufgeteilt und folgenden NGOs unterstellt:

Hilfsorganisation	**Region**
Mercy Corps International	Pec
Solidarite	Djakovica
Catholic Relief Services	Prizren
CARE	Urosevac
IRC (International Rescue Com.)	Gnjilane
Action Against Hunger/Children's Aid Direct	Pristina
Oxfam	Mitrovica.[67]

Nach dem Plan haben diese Organisationen die Verteilung der Lebensmittel und Hilfsmaterialien zu managen, entweder in Eigenarbeit oder durch Vergabe von Aufträgen an kleinere PVOs (Private Voluntary Organizations) auf Munizipalebene. Hier ist nicht der Ort, um die Abflussprobleme der enormen Spendengelder für den Kosovo zu analysieren. Aber ähnlich wie die NATO-Einheiten, die beim Abbrennen der von SerbInnen und Roma bewohnten Häuser zusehen und nicht eingreifen, weil sie über keine kosovarische Vermittlungsschicht verfügen, ergeht es den NGOs, die eine Art territorialer Feudalmacht erhalten haben, aber das Lehen allein nicht verwalten können. So entsteht ein Einkommenszweig für wohl überwiegend junge kosovarische Männer, die auf Macht gestützt sich an den Tropf der NGOs hängen können und zu lokalen PVOs, also zu Zwischenverteilern und Zwischenhändlern der Hilfsgüter werden. Auch für die Wirtschaftsbasis der UCK mag das ein Faktor werden.

Die zweite wirtschaftliche Überlebensperspektive besteht für KosovarInnen seit langem darin, dass mindestens eine Person der Familie emigriert, meist nach Deutschland, Österreich oder in die Schweiz, und einen Teil des Lohns überweist. Mit der Kriegszerstörung und der geplanten Abschiebung der meisten KosovarInnen aus Westeuropa (siehe unten) wird der Zwang zur erneuten Emigration eher zunehmen.

Am 6. Juli, dem Tag, an dem die italienische Regierung 548 kosovarische Flüchtlinge von Comiso nach Skopje zurückflog und damit international den Anfang der Kontingentrückführung markierte, landete an der italienischen Küste ein Flüchtlingsschiff aus der jugoslawischen Teilrepublik Montenegro, an Bord waren 700 KosovarInnen, irakische Kurden und AlbanerInnen.[68]

In 28 entfernteren Ländern – die Liste umfasst Staaten Zentraleuropas, Westeuropas, Nordamerikas und auch Australien – befinden sich (nach Angaben des UNHCR vom 8. Juni) 91.000 kosovarische Kontingentflüchtlinge, die während des Kriegs aus Skopje ausgeflogen wurden, und 146.000 jugoslawische StaatsbürgerInnen, überwiegend KosovarInnen, die in 1998/99 in den entsprechenden Ländern einen Asylantrag gestellt haben.

Über die Frage, wie diese 237.000 Menschen über den Flughafen Skopje zurückgebracht werden können, freiwillig oder durch Zwangsabschiebung, wurde am 12. Juli 1999 in Genf verhandelt. Der UNHCR hatte deswegen Vertreter aus den nichtbalkanischen 28 Staaten eingeladen, die kosovarische Flüchtlinge aufgenommen haben.

Bisher sind die Rückflüge der Kontingentflüchtlinge erklärtermaßen freiwillig. Die ersten, die – wie bereits erwähnt – am 6. Juli nach Skopje geflogen wurden, kamen von der amerikanischen Militärbasis Comiso auf Sizilien, auf der ehemals Mittelstreckenraketen stationiert worden waren. Die italienische Regierung hatte Baracken auf der Basis für die Flüchtlinge angemietet. Am selben Tag ließ die österreichische Regierung KosovarInnen nach Skopje ausfliegen, am 7. Juli folgten Kanada, am 8. Juli Deutschland. Dann stockte es. Der Flughafen Skopje ist durch Militär- und Versorgungsflüge bereits überlastet.

Doch der Schein des ruhigen bürokratischen Ablaufs von Flüchtlingspolitikkonferenzen und geplanter timetables der IOM-Rückflüge täuscht. Es geht nicht allein um die Rückflüge der 237.000 Menschen, sondern aller auch vor dem Krieg angekommenen KosovarInnen, wie Innenminister Otto Schily am 20. September 1999 in Pristina verkündete,[69] und es geht um die Abschottung der Region, aus der man künftig nur noch heimlich heraus fliehen kann, mit dem Stigma des Illegalen, oder schlimmer noch: der Organisierten Kriminalität, und die erneuten Fluchtbewegungen strafen die quantifizierten Flüchtlingsstandmeldungen und das damit vermittelten Bild der Steuerbarkeit und Eingrenzbarkeit Lügen.

Am selben Tag, an dem die NATO ihre Bombardierungen einstellte, beschloss die deutsche Innenministerkonferenz (IMK) in Dresden, dass neuankommende kosovarische Flüchtlinge weiterhin gesondert polizeilich erfasst werden, aber keine Duldung, sondern nur noch eine formlose Bescheinigung erhalten sollten.[70] Außerdem sollen sie nach dem selben Prinzip wie reguläre Asylantragsteller nach dem Länderschlüssel über das gesamte Deutschland verteilt werden. Halten wir uns vor Augen: Bereits jetzt wird die vollständige Kürzung der Sozialunterstützung nach dem Asylbewerberleisterungsgesetz, also ein systematisches Aushungern, exemplarisch an kosovarischen Flüchtlingsgruppen ausprobiert. Neuankommende erhalten aufgrund des Beschlusses der IMK seit dem 11. Juni amtlich eine Bestätigung, dass sie illegal im Lande sind. Werden sie den Umverteilungsanordnungen Folge leisten, oder dort bleiben, wo ihnen FreundInnen und Familienangehörige Aufnahme bieten?

Festzuhalten ist, dass es sich bei dem IMK-Beschluss um den ersten Behördenakt in der Geschichte der Bundesrepublik handelt, der Menschen nach dem Kriterium ihrer »Volksgruppenzugehörigkeit« illegalisiert und gleichzeitig gesondert erfasst. Bisher wurden Menschen anderer Länder statistisch nach ihrer Staatsbürgerschaft registriert. Die individuellen Angaben, welchen nichtstaatlichen Nationalitäten oder Minderheiten man sich selber zurechnet, sind bei der Inanspruchnahme des Asylrechts vielleicht wichtig. Bei statistischen und damit größtenteils durch Fremdzuschreibung erhaltenen Daten gibt es diese Kategorie wohlweislich nicht. In Frankreich und in verschiedenen mittelosteuropäischen Ländern sind große Auseinandersetzungen über die Ethnisierungsfunktion dieser bevölkerungsstatistischen Methode entbrannt, als beispielsweise die Zahl der Roma in einem Staat statistisch ermittelt werden sollte.

1991 scheiterte die jugoslawische Volkszählung im Kosovo. Es hatte eine massive, erfolgreiche Boykottbewegung gegeben.[71] Die kosovarische Parallelgesellschaft, die sich als gesellschaftliche Opposition in dem letzten Jahrzehnt entwickelte, kam gut ohne diese behördliche Datenbasis aus. Zahlreiche menschlichen und gesellschaftlichen Ereignisse – Geburt und Eheschließung, Grundstückskauf und Arbeitsvertrag, usw. – wurden staatlich nicht mehr erfasst, ebenso wenig wie der Zuzug aus Albanien oder der Wegzug ins westliche Ausland. Schließlich beteiligte sich der jugoslawische Staat an der Vernichtung der letzten behördlichen Existenzbeweise: Während des Kriegs nahmen die Grenzer ungefähr der Hälfte der kosovarischen Flüchtlinge ihre Ausweise ab und zerstörten sie. Die renitente gesellschaftliche Praxis, auch ohne Personalpapiere und behördliche Aktenvorgänge auskommen zu können, wurde schlagartig in ihr Gegenteil verkehrt. Mit der Vertreibung der Personen und der Vernichtung der restlichen Dokumente war der Anspruch der Flüchtlinge auf Haus und Hof in Frage gestellt. Und dann, das sollte nicht unterschlagen werden, zerstörten die NATO-Lagerpolitik und der KFOR-Einmarsch ins Kosovo weitgehend die Parallelgesellschaft, die für Personenstand, Haus und Hof nach der Rückkehr hätte bürgen können.

Für Albanien gilt, freilich aufgrund einer ganz anderen politischen und gesellschaftlichen Entwicklung, Ähnliches. Seit dem Bürgerkrieg im Frühjahr 1997 befinden sich große Gebiete des Landes nicht mehr unter staatlicher Kontrolle. Im Herbst 1998 meldete der UNHCR beunruhigt, dass sich alle, buchstäblich alle international tätigen NGO's aus dem nordöstlichen Albanien zurückgezogen hätten, die in den letzten eineinhalb Jahren in mancher Hinsicht an die Stelle des Staats getreten waren. Nur die OSZE und ein kleines Büro des UNHCR harrten damals noch aus.

Die international vereinheitlichte Erfassung der Daten kosovarischer Flüchtlinge seit Anfang April 1999 und die im folgenden geschilderte Entwicklung der Flüchtlingsregistrierung in Albanien und

Mazedonien sind vor diesem Hintergrund nicht der Versuch der Wiederherstellung schlechter staatlicher Normalität, sondern entfalten eine besondere Bedeutung als Mittel der Abschottung der Region und der Illegalisierung des Aufenthalts außerhalb der Region.

Der UNHCR verkündete am 11. Mai 1999 Statements von Bill Gate und anderen Computerfirmenchefs: Dank ihrer Spenden an Hard- und Software sowie der Entsendung von Schulungspersonal starte nun in Albanien und Mazedonien die Flüchtlingsregistrierung in Verbindung mit der Ausstellung neuer Ausweise.[72]

Das neue Registriersystem soll Hilfsorganisationen bei der Schnellerfassung von Flüchtlingen und dem Ausstellen von Ausweisen mit Fotos unmittelbar vor Ort unterstützen. Gleichzeitig entsteht damit eine Personendatenbank, auf die die Hilfsorganisationen Zugriff haben, so könnten sie die Hilfsgüter besser verteilen. Zu der Ausrüstung gehören Laptops, Digitalkameras, spezielle Ausweisdrucker und andere eigens entworfene Hard- und Software. In Albanien würden über das ganze Land verteilt »Data collection points« eingerichtet, in Mazedonien soll die Registrierung mit der Lagerverwaltung verknüpft werden.

Beteiligt sind folgende Computerfirmen:

- Microsoft Corporation: Software, technische Serviceleistungen, Training des Personals vor Ort
- Compaq Computer Corporation: Laptops
- Hewlett-Packard Company: Laptops
- Securit World Ltd., London (Spezialist für Personalausweis-Systeme): Software, Drucker, Kamera, Systemintegration
- ScreenCheck B.V., Niederlande (Software-Entwickler für Personalausweise): Software, Drucker, Kamera, Systemintegration.

Die erste Phase sollte am 17. Mai starten, die Schlussphase, einschließlich dem Ausstellen der Ausweise, würde Anfang Juni beginnen. Doch am 9. Juni vermeldet USAID, dass die Registrierung in Mazedonien nicht wie geplant läuft: »Derzeit ist die Regierung Mazedoniens für die Sicherheit an den Lagertoren verantwortlich. Der UNHCR hat zwar einen genauen Zugriff auf die offiziellen Flüchtlingszugangszahlen in die Lager, aber er kann die Zahl derjenigen, die unregistriert in die Lager gelangen, nur aufgrund von Polizeiangaben schätzen. – Um die Flüchtlinge in den Lagern besser schätzen zu können, will der UNHCR eine Erfassung der Flüchtlinge in allen Lagern in zwei Phasen ab dem 9. Juni vornehmen. In der ersten Phase soll jedes Lager für einen Tag geschlossen werden, um die Flüchtlingspopulation per Zensus zu erfassen. In der zweiten Phase werden nach ungefähr vier Wochen Personalausweise für alle Flüchtlinge in den Lagern ausgestellt.«[73] Am 10. Juni 1999 berichtet World Food Programme (WFP), dass die Flüchtlingsregistrierungsprobleme in Kumanovo weiterhin bestehen, drei Wochen nachdem ein Team aus WFP/UNHCR/MRC[74] die offiziell damit Beauftragten auf die Probleme hingewiesen hatten. MRC/IFRC[75] sehen sich nun nach alternativen Verteilungssystemen um, um die Flüchtlinge überall im Land zu erreichen.[76]

Mit diesem Tag befinden wir uns am Kriegsende. Die Flüchtlinge in den mazedonischen Lagern packen, so schnell sie können, ihre Habseligkeiten, die meisten gehen ohne Registrierung ihrer Personendaten in den Camps und ohne Ausweise sofort über die Grenze. Was aus den Erfassungssystemen in Albanien geworden ist, ist bisher nicht überliefert.

2.2. Rückschiebungen

Selbst das System der Abschiebungen und der zahlreichen staatlich organisierten Rückflüge von Flüchtlingen wird angesichts der Protektoratsentwicklung zu einem Schrittmacher der Raum- und Bevölkerungspolitik in den Teilstaaten des ehemaligen Jugoslawiens und in Albanien. Kein Ministerium der Welt kann beispielsweise nach Sarajewo einfach abschieben lassen. In dem Land leben, wie oben beschrieben, 800.000 Displaced Persons, zum Teil in Baracken, in Containersiedlungen oder in Notunterkünften, und nicht unter eigenem Dach. Und das Abkommen von Dayton besagt, dass erst wenn die Möglichkeit geschaffen ist, dass die Flüchtlinge in Bosnien-Herzegowina in ihre Häuser zurückgehen können, dass erst dann Abschiebungen und organisierte Rückkehrflüge aus dem Ausland durchgeführt werden können. Denn leicht könnte eine Regierung eines anderen Landes durch massive Abschiebungen die Lage in Bosnien-Herzegowina sozial und politisch destabilisieren.

Es lohnt sich, die Flüchtlingszahlen genauer zu studieren: Nach dem Daytoner Friedensabkommen (Ende 1995) bis Mai 1999 sind 330.000 Flüchtlinge aus dem Ausland zurückgekehrt, davon 210.000

mehr oder minder freiwillig in staatlichen Rückflugaktionen (161.000 flog der deutsche Staat auf diese Weise aus). Innerhalb Bosnien-Herzegowinas kehrten aber lediglich (von Januar 1998 bis April 1999) 16.000 Displaced Persons an ihre Herkunftsorte zurück.[77] Wenn man berücksichtigt, dass ein Großteil der Rückflüge nicht in den Herkunftsort, sondern in die perspektivlose Situation der Displaced Persons führt, kann man sich den gesellschaftspolitischen Aspekt der aus Deutschland wie aus anderen Ländern Westeuropas organisierten staatlichen Rückflüge ausmalen.

Die internationale Verwaltung Bosnien-Herzegowinas, die nach Dayton fast zaghaft in Gang gesetzt wurde, hat in den Folgejahren ungeahnte Machtzuwächse entfaltet. Es war vor allem die Politik der Flüchtlingsrückschiebungen und –umsiedlungen, die zu einer Lenkung von immer ausgreifenderen gesellschaftlichen Bereichen in der Hand des Hohen Repräsentanten (Office of the High Representative, OHR) und diversen schwer zu durchschauenden international besetzten Gremien geführt hat. Typisch für die Protektoratsentwicklung in Bosnien-Herzegowina war, dass verschiedene internationale Machtzentren entstanden, die sich immer aufs Neue vernetzten. David Chandler zeichnete diesen Prozess kürzlich als »faking democracy« kritisch nach.[78]

Als wichtigste Machtzentren seien genannt: Die SFOR (NATO), das Büro des Hohen Repräsentanten (OHR) und der Beauftragte der Bundesregierung für Flüchtlingsrückkehr und rückkehrbegleitenden Wiederaufbau in Bosnien-Herzegowina. Diese und viele andere treffen sich wöchentlich in der »Sarajewo Working Group of Host Countries, International Organisations and Local Authorities«.[79]

Den Unterbau der Mächtekoordination, und damit kommen wir auf die rückkehrenden und abgeschobenen Flüchtlinge zurück, besorgt zu großen Teilen das RIC (Repatriation Information Centre), ein Ableger des Wiener ICMPD. Seit Anfang 1998 ist das RIC die Hauptinformationsstelle und das Sekretariat der Working Group. Zugleich ist es das Clearinghaus zwischen den Abschiebestaaten und –städten in Deutschland und anderen westeuropäischen Städten auf der einen Seite und den SFOR-Militärs und Gemeinden, die die Rückgeflogenen aufnehmen, auf der anderen Seite.[80]

So können wir von einem virtuellen Runden Tisch sprechen, der von Ex-Jugoslawien bis beispielsweise nach Berlin reicht. An dessen einem Ende sitzt Barbara John, die Ausländerbeauftragte des Landes Berlin, und am anderen Ende eine Spezialeinheit der Bundeswehr, die auf den Namen RRR hört. Der virtuelle Runde Tisch findet online statt, auf den Internet-Seiten des RIC. Eine der Haupttätigkeiten von Frau John ist es, im Interesse des Innensenats den Aufenthalt von Flüchtlingen aus dem ehemaligen Jugoslawien in Berlin so unangenehm wie möglich zu machen und die freiwillig-erzwungene Abschiebung von bosnischen Flüchtlingen zu forcieren. Kürzlich rühmte sie, dass Berlin eine Vorreiterrolle eingenommen habe: 50% der bosnischen Flüchtlinge hätten Berlin verlassen, entweder nach Bosnien-Herzegowina oder in ein Drittland, entweder freiwillig oder per Abschiebung.[81]

Seit September 1997 arbeitet die SFOR diesem Abschiebesystem zu. Sie checkt aus, in welche Ortschaften Abgeschobene aus Berlin und anderswo zurückgeschickt werden können.[82] Diese Spezialeinheiten, meist handelt es sich um Bundeswehrangehörige, werden RRR-Teams (Refugee Reconnaissance Return Teams) genannt. Sie verfassen nach ihren Recherchen Berichte über die jeweiligen Landkreise, mit Angaben zur »Bevölkerungsstruktur, die Gefährdungslage für die Flüchtlinge, die Sicherheitssituation und die Minengefahr, die bauliche Aufnahmefähigkeit, die öffentliche Infrastruktur, die Beschäftigungs- und Wirtschaftslage, die soziale, juristische und Gesundheitsversorgung, den öffentlichen Verkehr«, und das alles versehen mit wichtigen Kontaktadressen und detaillierten Landkarten. Die Berichte tragen im Namen ebenfalls drei Rs (Reports on the Return of Refugees), sie werden auf deutsch, bosnisch und englisch abgefasst und durch das RIC zu so genannten MIRs (Municipality Information Reports) überarbeitet und ins Internet geladen.[83]

Und wenn diese Berichte einen Landkreis für künftig flüchtlingsaufnahmefähig erklären, legt die Berliner Ausländerbeauftragte los. Sie schließt persönlich Rückübernahmeverträge mit den entsprechenden Gemeinden ab. Das Land Berlin verpflichtet sich, pro Abgeschobenen 2.000 DM, pro Familie maximal 8.000 DM Kopfgeld an die jeweiligen Gemeinden zu zahlen.[84] Dann stellt die Berliner Ausländerbeauftragte mit den entsprechenden Behörden des Berliner Innensenats neue Listen mit rückkehrwillig gemachten bzw. abzuschiebenden bosnischen Flüchtlingen zusammen. Die mehr oder minder freiwillig Abgeschobenen werden nach ihrer Ankunft in Sarajewo der ausgehandelten Gemeinde zugewiesen, in der sie meist noch nie gewesen sind. So setzten sich die Berliner Behörden, die Bundeswehr und viele NGOs über das Dayton-Abkommen mit den schwierigen Bestimmungen zur Aufteilung des Landes und den festgeschriebenen Abschiebehindernissen hinweg.

Da an der Rückkehr bzw. der Abschiebung der bosnischen Flüchtlinge und an ihrer Unterbringung und Versorgung in Bosnien-Herzegowina die unterschiedlichsten Behörden und Nichtregierungsorganisationen (NGOs) beteiligt sind – sie sitzen alle mit an dem besagten virtuellen runden Tisch –, ist der Zugriff auf die Internet-Daten, die die Bundeswehr nach Sarajewo übermittelt und als MIRs ins Internet geladen werden, denkbar einfach gestaltet.

Flüchtlinge sollten wissen können, unter welchen Bedingungen sie möglicherweise zurück können, ob es einen Platz für sie gibt, ob sie ein Dach über den Kopf und ein Einkommen finden werden, ob sie sich in dem sozialen Leben wiederfinden werden, ob keine Gefahren drohen, ob ihre allerbesten Freunde und Freundinnen vor Ort für sie einstehen. Aber Militär, Polizei, bewaffnete Männerhorden, die aufgrund ihrer Ortskenntnis und lokalen Herrschaft die informellen Märkte organisieren könnten, die über Hausvergabe und Bürgermeisterei entscheiden könnten, die Geschäfte mit lukrativen Baugenehmigungen und der Prostitution machen könnten, die durch keinerlei bürgerlich-demokratische, geschweige denn basisdemokratischen Verfahren kontrolliert werden – das sind keine Garanten für eine zivile Rückkehrperspektive. Eine gesellschaftliche Umwelt, die von Militär durchdrungen ist, ein Protektorat, ist per definitionem eine für das soziale Leben feindliche Umwelt – für Dagebliebene, für Rückkehrende, für Abgeschobene.

Die Selbstmandatierung der Protektoratslords in Sarajewo wächst mit jedem Flug von RückkehrerInnen. Im Rhythmus der gelandeten Abgeschobenen wachsen die Containersiedlungen und die SFOR-Einmischungen in gesellschaftliche Belange. Aber Sarajewo ist nur ein Vorläufer.

Bereits während der NATO-Bombardements hat das RIC/ICMPD sein Aktionsfeld ausgeweitet. Es verfügt jetzt oder in aller Kürze über Büros in Zagreb, Tirana, Skopje und Pristina, »als integrale Informationsunterstützung zur Antwort auf die fortlaufende Flüchtlings- und Migrationskrise auf dem Balkan« – so der RIC/ICMPD-Vertreter auf dem Stabilitätspakt-Gipfel am 29./30. Juli 1999 in Sarajewo.[85] »Kosovo: Let's learn from Bosnia. Models and Methods of International Administration« – so heißt eine aktuelle Studie der International Crisis Group (ICG) vom 15. Mai 1999,[86] und der Slogan gilt anscheinend für alle Protektoratsaspekte. Während der Machtzuwachs der internationalen Gremien und Verwaltungen in Bosnien-Herzegowina im Rhythmus von Jahren verlief, handelt es sich im Kosovo um eine Entwicklung, die man in Monaten messen kann. Im Unterschied zu den Anfängen der internationalen Verwaltung in Sarajewo beginnt die Kosovo-Administration mit einer starken militärisch-zivilen Zentralisierung.

Balkanhilfe und Kosovo-Administration
(nach taz 31.8.99, S. 2)

Wiederaufbau im Balkan:
Hochrangige Lenkungsgruppe, gemeinsamer Vorsitz: EU und Weltbank (Teilnehmer: Finanzminister der G7-Staaten, Hombach, Kouchner)
Gemeinsamer Koordinationsmechanismus von Weltbank und EU-Kommission (Büro bei der EU-Kommission in Brüssel)
Stabilitätspakt für Osteuropa SOE (30 Länder und multilaterale Organisationen; Sonderkoordinator: Hombach, D)
Regionaltisch SOE (Hombach, D, Außenminister aller Mitglieder)
⇨ Tisch für Demokratie und Menschenrechte
⇨ Tisch für wirtschaftliche Zusammenarbeit
⇨ Tisch für militärische Sicherheit
Wiederaufbauagentur der EU-Kommission für Kosovo (etwa 150 Mitarbeiter, Durchführung von EU-Programmen)
Task Force für den Wiederaufau im Kosovo (Leiter: Franco, B)

Aufbau von Strukturen im Kosovo
Internationale Strukturen
⇨ **NATO-Kommando (KFOR)** (Kommando neuerdings Reinhard, D, zuständig für Durchsetzung der Vereinbarungen mit dem militärischen Oberkommando Serbiens und Entwaffnung der UCK; übernimmt auch eine Reihe von Zivilaufgaben, solange das von UNO-Staaten zugesagte Personal noch nicht eingetroffen ist)
⇨ **Ziviler UNO-Koordinator** (Leiter: Kouchner, F, vormals Ärzte ohne Grenzen, verantwortlich für alle nicht-militärischen Maßnahmen im Kosovo, koordiniert 5 Bereiche)
⇨ Sonderaufgaben (Leiter: Covey, USA, direkter Stellvertreter Kouchners)
⇨ Aufbau der zivilen Verwaltung (Leiter: Koenigs, D, ehemals grüner Stadtkämmerer; als erstes soll ein Justizwesen aufgebaut werden)

⇨ Wiederansiedlung von Flüchtlingen (UNHCR, zugleich zuständig für humanitäre Versorgung und Wiederansiedlung) (Leiter: McNamara, Neuseeland)
⇨ Demokratischer Aufbau (OSZE) (Leiter: Everts, NL, vormals OSCE Albanien, koordiniert u.a. Wahlen und Verbesserung der Menschenrechtssituation; geplant 210 MitarbeiterInnen, davon 70 aus dem Kosovo)
⇨ Wirtschaftlicher Wiederaufbau (EU) (Leiter: Dixon, GB)

2.3. Nachkriegsplanungen der EU

Gut drei Wochen nach Kriegsbeginn – am 28. April 99 – fand in Brüssel eine Brainstorming-Sitzung unter Beteiligung von EU-Botschaftern der Region und Balkanspezialisten statt. Unter der Leitung des frisch designierten Präsidenten der EU-Kommission, Prodi, entwickelte man Vorschläge für »Ein Nachkriegssystem für Südosteuropa«. Die Sitzung wurde von einem weiteren unkonventionellen *Think Tank* organisiert, der Arbeitsgruppe Südosteuropa des Centre for European Policy Studies (CEPS)[87]. Was dort besprochen wurde, geht aus einem Arbeitspapier des CEPS hervor, das in der Tat voll in der Tradition der deutschen Südosteuropaplanungen seit dem Ersten Weltkrieg steht – einer Tradition von Besatzungs- und Protektoratspolitik, und einer Tradition der Plünderung und Zerstörung modernisierungsfeindlicher Gesellschaftsstrukturen.[88] Wenn es noch eines Beweises bedurft hätte, dass der Krieg den EU-Strategen überaus willkommen war, um diese Region aufzurollen und auf lange Sicht unter Kuratel zu stellen, so wäre dieses Papier eindeutig genug. Seiner Bedeutung wegen soll es ausführlich beschrieben werden.

Vorgeschlagen wird eine neue Kategorie von EU-Assoziation, die nicht mit der Assoziation der bisherigen Verhandlungspartner vergleichbar ist, sondern es handelt sich um eine Art »virtual membership«, welche den Anschein einer Integration in die EU haben soll, wobei eine volle Mitgliedschaft jedoch erst in Jahrzehnten in Frage kommen soll (sie sei in einer Generation, also binnen 30 Jahren, nicht zu erreichen). In diese Kategorie eines »New Associate Member« (NAM) sollen Kroatien, Albanien und Mazedonien ab 2000 eintreten, Bosnien ab 2002 und Jugoslavien nach dem Sturz Milosevics. An europäischen Veranstaltungen sollen die NAMs im Beobachterstatus, ohne Stimmrecht, teilnehmen.

Es wird vorgeschlagen, »die Schockwirkung des Kriegs positiv zu nutzen«, um den Krisenherd Balkan langfristig zu stabilisieren. Die NAMs sollten sofort in den EU-Freihandel einbezogen werden: Die Lohnkosten seien in den fünf Ländern niedrig genug, um kompetitive Chancen zu eröffnen. Auch seien die Zerstörungen in Bosnien und Serbien so groß, das die Industrie ohnehin neu aufgebaut werden müsse, und dann besser von vornherein international wettbewebsfähig und nicht in einer »uneffektiven, geschützen und korrupten Ökonomie«. Ab 2003 sollte die Region »euro-isiert« werden – die Landeswährungen, die zuvor schon an die Deutschmark zu fixieren wären, hätten endgültig ausgedient. Die entstehenden Verluste an Zolleinnahmen und den monetären Vorteilen einer eigenen Währung wären von der EU-Zentralbank auszugleichen. Man rechnet mit 1-5 Mrd Euro für alle 5 NAMs bis zum Jahr 2006, dazu 250 Mill. Euro pro Jahr zum Ausgleich der Währungsverluste. Praktisch bedeutet dies, dass die Budgets der »5« an einer kurzen Leine von der EU-Zentralbank kontrolliert werden würden. Die finanziellen Kompensationen, von denen die jeweiligen Staatsbudgets wesentlich abhängen würden, »wären an die Zustimmung zu den jeweils erforderlichen Kontrollen und Maßnahmen durch die EU gekoppelt, EU-polizeiliche oder paramilitärische Aufsicht an Häfen und Grenzen, um die Korruption an den Grenzen ein für allemal zu beseitigen.« Natürlich würden auch die Investitionen durch die EU-Investitionsbank bzw. die neue South-East European Agency for Reconstruction and Development (SEARD) vom Wohlverhalten und vom Abbau von Entwicklungshemmnissen abhängen, ganz zu schweigen von der vollen Übernahme des Bankenwesens durch EU-Geschäftsbanken. Kurz gesagt, die 5 NAMs hätten sich auf Gedeih und Verderb der EU auszuliefern.

Aber konzentrieren wir uns auf das, was mit unserem Thema zu tun hat. »In Hinsicht auf Südosteuropa«, so das Papier, »steht die EU vor dem politischen Dilemma, sich vor einer Flut von Flüchtlingen und illegalen Migranten sowie (aus einigen Ländern der Region) vor der organisierten Kriminalität schützen zu wollen, ohne einen neuen Eisernen Vorhang zu schaffen zwischen sich und den Ländern, die integriert werden sollen«... Man müsse die Länder in ihrem Zusammenhang sehen und Polizeikooperation anstreben nach dem Modell von Oktopus 2, woran Albanien, Kroatien und Mazedonien beteiligt sind, und man müsse EUROPOL ausweiten. Freilich würde die Erfordernis von Visa, vor allem die Beschränkung der Einreise von Rumänien nach Ungarn, doch sichtbar einen eisernen Vorhang schaffen ... Zum Motto des Papiers könnte man folgendes nehmen (S.8):

»Bosnien ist ein Beispiel für eine relativ gelungene Befriedung unter Einsatz schwerer Miltitärressourcen. Albanien war 1997 ein Beispiel, wo die pure Anarchie unter italienischer Militärpräsenz kontrolliert werden konnte. Aber als der Krieg bzw. die Anarchie zu Ende waren, erstanden die zutiefst kriminellen und korrupten Gesellschaften von Neuem. Dies unterstreicht die Notwendigkeit für die EU, substanzielle Kapazitäten für die paramilitärische und polizeiliche Aufsicht zu entwickeln, die eingesetzt werden, wenn das Militär abzieht. Ganz generell steht die EU im Fall Südosteuropa vor der Notwendigkeit, ein breites Spektrum operationaler Kapazitäten, von der »weichen« Kooperation bis zur »harten« Militärintervention, bereitzuhalten. Derartige Operationen werden dazu führen, dass verschiedene Modelle von »Sicherheitsarrangements« zwischen der EU und den Ländern oder Territorien dieser Region entwickelt werden.«

Am Beispiel Albanien wird deutlich, wie man sich das EU-Regime auf dem Balkan vorzustellen hat. »Die Euro-isation und der Freihandel, beide verbunden mit Budgetkompensationen, würden die Wettbewerbsstruktur, die Grundregeln und die Regierbarkeit der Ökonomie völlig tranbsformieren im Sinne einer radikalen Bereinigung von Korruption, Kriminalität und Vetternwirtschaft.« Im Falle, dass die albanischen Behörden einen Bruch mit dem Status quo wünschten, *»könnten die Zollposten von EG-Zollämtern nicht nur beraten, sondern geführt werden, Polizeikräfte und paramilitärische Einheiten, vorzugsweise aus Griechenland und Italien, könnten den Strom illegaler Migration kontrollieren, insbesondere den über das Adriatische Meer, dem an der Albanische Küste viel effektiver zu begegnen wäre, als nachts Schnellboote auf offener See zu jagen. Die einheimischen Polizeikräfte könnten eine Zeitlang von EU-Bürgern geführt und durch paramilitärische Kontingente gestützt werden.«* (S.12)

Bosnien betreffend weist das Papier auf die »very poor economic performance« hin und auf die Reibungsverluste zwischen den beteiligten Agenturen – NATO mit SFOR, Westendorp, UN, UNHCR, OSZE. Da nur die EU eine langfristige Stabilisierungsperspektive biete, sollte sie in Bosnien eine umfassende Verantwortung übernehmen. Im Einzelnen:

- Übernahme der NATO-Militärpräsenz durch EU-Truppen binnen zwei Jahren,
- Aus dem Internationalen High Representative werde ein EU-Gouverneur, dessen Budget zu über 50% direkt von der EU zu finanzieren ist,
- die Europäische Zentralbank übernimmt die Bosnische Zentralbank,
- die Dritte Säule der EU übernimmt die Führung der Polizei,
- die Wahrung der Menschenrechte wird dem Europarat überlassen. (S.13)

Seit Dayton hat beständig eine quasi naturwüchsige, mit den ehemaligen Konfliktparteien nicht abgestimmte Ausweitung der Befugnisse des Hohen Repräsentaten in Sarajewo stattgefunden, und dieser Trend würde sich unter einem EU-Repräsentaten zweifellos fortsetzen.Was noch am wenigsten klar ist: wie sich das angestrebte EU-Regime von einem klassischen Besatzungsstatus unterscheidet, wie es ihn in Europa seit Jahrzehnten nicht mehr gegeben hat. Serbien könne nach den Abtritt Milosevics immerhin ein souveräner Bundesstaat bleiben, abzüglich Montenegro und natürlich Kosovo.

Im Kosovo, der nach dem Krieg eine beträchtliche »Ökonomie der Hilfsleistungen« durchmachen werde, solle der regionalen Staatskorruption von vornherein keinerlei Raum gegeben werden (S.14). Wenn es dort auch nur Geringes mehr geben solle als eine Überlebensökonomie, müsse der Raum ökonomisch geöffnet werden, wofür Freihandel und Euro-isation wie beschrieben die ersten Schritte wären.

Über diese Aussagen hinaus äußert sich das Papier zum Kosovo nicht – der Krieg hatte ja gerade erst begonnen. Inzwischen ist klar, dass langfristig der gleiche Besatzungsstatus anvisiert wird, wie er auch für Bosnien vorgesehen ist: Die internationale KFOR wäre zu europäisieren – Scharping hat zwischenzeitlich erklärt, dass die Bundeswehr für »mindestens 5 Jahre« im Kosovo stationiert bleiben müsse. Die UNO-Übergangsverwaltung wird unter EU-Hoheit zu stellen sein – ihr Chef Kouchner würde nur das Schild an seiner Tür auszuwechseln brauchen. Dass die jungen Männer aus der UCK das Fußvolk einer neuen Grenzpolizei abgeben werden, die der Auswanderung aus dem Kosovo unter europäischem Kommando effektiv entgegentreten wird, unterliegt längerfristig keinem Zweifel – zuvor aber muß die innere Konsistenz der UCK so weit geschwächt werden, dass eine externe Kommandostruktur auch greifen kann. Und was den Freihandel angeht, ist ein erster Schritt schon getan: Die UN-MIK hat Anfang des Monats die Deutschmark als offizielles Zahlungsmittel zugelassen und eine Grenzübergangsstelle nach Mazedonien wiedereröffnet.

Aber wie auch immer die Europäisierung der Kontrolle über die Region fortschreiten wird: Es handelt sich immer nur um Varianten des einen zentralen Anliegens, Bosnien, Kosovo und Albanien auf Jahre in umzäunte, mehr oder weniger industrialisierte Flüchtlingslager umzuwandeln. Aber es ist zweifelhaft, ob eine solche Perspektive tatsächlich Aussicht auf Erfolg haben kann. So schreibt Xavier Bougarel:

»Die systematischen Zerstörungen durch die serbische Armee und die Bombardierungen der Aliierten haben die Provinz weitgehend verwüstet, und die politischen Umgruppierungen der letzten Monate haben den noch im Rambouillet erweckten Schein einer politisch geeinten albanischen Gesellschaft zerstört.

Vor diesem Hintergrund zeichnet sich die Gefahr ab, dass das Kosovo auf Dauer zu einem Protektorat wird, in dem Elend und politische Gewalt nur schwer zu überwinden sind. Und es ist keineswegs auszuschließen, dass die gerade aus Albanien und Makedonien zurückgekehrten Flüchtlinge demnächst ihr Glück in Deutschland, der Schweiz oder den USA suchen werden.«[89]

Der Verweis auf die komparativen Lohnkostenvorteile der neuen Protektorate wiegt nicht viel – ein derartiger Wettbewerbsvorteil besteht in Osteuropa allenthalben und genauso in der kommenden EU-Mittelmeer-Freihandelszone. Was in den neuen Protektoraten akkumuliert werden könnte, ist nicht Kapital im klassischen Sinn, sondern Sicherheits-Know-How oder Herrschaftswissen für Europa nach dem Jahr 2000. Südosteuropa mit seinen 5 NAMs würde zu einem sozialen Laboratorium, in welchem neue Strategien und Politiken für die Verwesung abhängiger Regionen erprobt werden.

Das dritte Jahrtausend beginnt auch in Europa mit territorialen Unterwerfungsstrategien. Tröstlich ist daran nur, dass sich die Menschen in der Region mit Elend und Gewalt nicht abfinden werden.

2.4 Für die weitere Diskussion

Die Erklärung des deutschen Bundeskanzlers Gerhard Schröder, dass sich die Neugründung der EU entsprechend dem Amsterdamer Vertrag gewissermaßen im Akt der Bombardierung der Bundesrepublik Jugoslawiens vollziehe, deutet nicht nur auf das entstehende Protektoratsverhältnis zwischen der EU und Südosteuropa hin.[90] Es ist zu fragen, welche neuen Politikformen in dem EU-Regierungskörper die Kriegsherren befördert haben.

In der Flüchtlings- und Migrationspolitik der EU, also in den Entscheidungsprozessen des Rats für Justiz und Inneres, war schon seit geraumer Zeit eine neue Tendenz zu beobachten, eine »new governance«, die sich in der Überwindung der klassischen Ressortpolitik, der nationalen Interessenpolitik, der alten Hierarchien und der geregelten Kompetenzen ausdrückt. Es geht beim Entwurf und der Durchsetzung einer neuen Flüchtlingspolitik nicht mehr um die Moderation zwischenstaatlicher Kompromisse, sondern um die Bildung von Taskforces, Brainstroming-Arbeitsgruppen und Sondergruppen, die sich ihre Kompenzen letztlich selbst mandatieren. Der Krieg und das Protektorat haben diese Tendenzen beschleunigt.

Anhand der Polizeizusammenarbeit lässt sich diese Entwicklung genauer beobachten: Neue länderübergreifende Zusammenschlüsse entstehen sowohl auf hohem diplomatischen Niveau wie auch vor Ort. Aus der Koordination entstehen informelle Entscheidungsstrukturen und neue Eingreiftruppen.

Die »new governance« macht nicht an der klassischen Politikabgrenzung gegenüber der Wirtschaft halt. Aus Sponsoren und Finanziers werden Politik- und Protektoratspromoter und politische Mitdenker und Mitentscheider. Entsprechendes kann man assoziieren, wenn man sich die Liste der CEPS-Sitzung ansieht: Finanziert war sie von Delta Dairies (Athen), der Ersten Bank (Wien), dem German Marshall Fund of the United States, dem Open Society Institute und den österreichischen und griechischen Außenministerien.

Die so genannten Nichtregierungsorganisationen (NGO) werden in dem CEPS-Papier bereits durchweg als paramilitärische Kräfte bezeichnet. Aus den Verteilungsstellen der Hilfswerke werden die Fußtruppen der »new governance«. Eine solche Entwicklung haben viele US-Hilfswerke in der Ära Kennedys und der Grünen Revolution durchlaufen. Indem die US-Regierung ihre Entwicklungspolitik zu einem integralen Aufstandsbekämpfungskonzept umformulierte, sog ihre Entwicklungsbehörde USAID die NGOs auf. Ob in Europa eine ähnliche uniformierende Entwicklung duchsetzbar ist, oder ob sich so manche NGOs doch den zersplitterten politischen Feldern zuordnen, ist noch nicht zu sagen.

Dass die neue Politik in alle gesellschaftlichen Bereiche ausgreift, ist bereits jetzt auszumachen. Ein neuer imperialer Konsens, die Umrisse eines sozialen Containments werden sichtbar. Am weitesten ist dieser Prozess in den »kleinen« westeuropäischen Ländern – Niederlande, Österreich, Schweiz, Schweden – vorangeschritten, in denen sich alle AktivistInnen der Flüchtlings- und Migrationspolitik zu kennen scheinen: VertreterInnen der Flüchtlingshilfswerke und der juristischen und sozialwissenschaftlichen Fakultäten, der Ministerien und der lokalen Ausländerbehörden, der Parteien und der Kirchen, der FlüchtlingsunterstützerInnenszene und der entwicklungspolitischen Solidaritätsgruppen sitzen auf EU-finanzierten Konferenzen eng beieinander. Angebote wie die, die von der Bildung der »Hochrangigen Arbeitsgruppe Asyl und Migration« auf EU-Ebene auszugehen scheinen, werden mit großem Interesse allgemein angenommen, man fühlt sich durch dieses ressort- und politikübergreifende Moment angesprochen, zurück bleibt nur die Kritik an der mangelnden Transparenz, da die Arbeit dieser Gruppe nicht öffentlich ist. Nur wenige politische Gruppen äußern unmissverständlich grundsätzliche Kritik.

Wenn wir davon ausgehen, dass auch die neue Flüchtlingspolitik es nicht wird verhindern können, dass Flüchtlinge bis nach Westeuropa gelangen, müssen wir uns mit den politischen Mitteln der Illegalisierung von Flüchtlingen genauer auseinandersetzen. Aus der internationalen Flüchtlingspolitik der 80er Jahre datiert die Regionalisierungsdiskussion ausgehend von der Asyldebatte. Flüchtlinge sollten – so hieß es – aus Kostengründen umgeleitet oder ferngehalten werden. Mit dem Ziel, die Asylanerkennungsrate zu senken, errichteten die Behörden Datenbanken zu Herkunftsländern, zu Fluchtursachen nach Kriterien der Genfer Konvention und zu Abschiebemöglichkeiten und Abgeschobenen. Doch dadurch, dass die meisten Flüchtlinge ihre Chancen auf eine Asylanerkennung und auf eine menschenwürdige Unterbringung – angesichts der Lagerpolitik – verloren, begann die Flucht in die Illegalität. Es entstand ein datenfreier Raum. Erst mit der Routenfahndung erfolgte ein neuer Einstieg in die neue Situation. Die Behörden fragen nicht mehr nach Fluchtursachen, sondern registrieren vor allem die Wege, sie verfolgen sie bis in das Zentrum in Westeuropa. Ob man Zugang zu einem bestimmten Gebiet hat, bestimmen die verschiedensten Instanzen, Behörden und Gruppen als Sicherheitscheck nicht mehr nur an den Außengrenzen oder den vorverlagerten Außengrenzen, sondern innerhalb des Landes, innerhalb der Städte. Damit entsteht eine neue Sicherheits- und Sozialpolitik der EU. Die Zugangskontrolleure und bürgerwehrähnlichen Überwacher verlagern anhand von phänotypischen Kriterien wie Hautpigmentierung, Kleidung u.a. die Flüchtlingsabschottung als sozialrassistisches Projekt ins Innere, bis in die U-Bahnen und die Einkaufszentren. Soziale Terrains werden parzelliert. Je klarer es wird, dass die hochgerüstete ostdeutsche Grenzüberwachung nicht so einfach als ein großer Abschottungsring 600 Kilometer vorverlegt werden kann, an den Bug, an die ostungarische und an die slowenisch-kroatische Grenze, sondern eine gewisse Durchlässigkeit bleiben wird, desto höher und regional gestaffelter werden die Zugangschancen im Land zu Sozialleistungen. Je mehr der Aufenthalt von MigrantInnen und Flüchtlingen in dieser EU-Perspektive geduldet werden wird, desto schärfer werden die sozialpolitischen Grenzen zwischen den Stadtteilen und Regionen gezogen werden.[91]

Die EU wird nicht in die soziale Entwicklung auf dem Balkan investieren. Rumänien ist dafür seit Jahren ein beredtes Beispiel. So ist bei der sozialen Lebenssituation zwischen Bukarest und Belgrad kein wesentlicher Unterschied auszumachen, ob mit oder ohne Milosevic. Nirgendwo gibt es dort eine soziale Abfederung. Die Protektoratsentwicklung wird eine Entwicklung der Außengrenzenkontrolle sein, eine selbstzentrierte Entwicklung ist nirgendwo vorgesehen. Daher werden die Menschen auch weiterhin darauf angewiesen sein zu emigrieren, um im Westen ein Einkommen für die ganze Familie zu erwirtschaften. Wie stark die Kontrollen auch werden: Emigration und Flucht wird weitergehen.

Auf dem Hintergrund dieser skizzierten Entwicklung wird es neue Konfliktlinien geben. Die Karten werden neu gemischt. Der Gründungsakt der Berliner Republik wird nicht ohne Antwort bleiben, auch wenn es derzeit nicht vorhersehbar ist, wie sich die sozialen Revolten der Zukunft konstituieren werden.

1 Vgl. Der Spiegel 16/1999, 25 f. und Die Zeit 20/1999

2 Der Balkan als Teil eines politischen Erdbebengürtels, FR 27.4.99, 5; Auszüge aus dem NATO-Dokument zum 50. Jahrestag FR 8.5.99, 13

3 NZZ 20.1.99

4 NZZ 25.2.99

5 Vgl. hierzu vor allem die Schriftenreihe der Forschungsgesellschaft Flucht und Migration (FFM): Gegen die Festung Europa, Berlin 1995 ff.

6 Hierzu und zum Folgenden siehe »Die Ethnisierung des Sozialen«, Materialien für einen neuen Antiimperialismus Nr.6, Berlin 1993

7 Wir wissen über diese Wege über Albanien erst seit Ende 1997, also nachdem nach dem Kollaps des albanischen Staats im Frühjahr 1997 dieses Land ins Visier der EU und besonders der Polizeien geraten ist. Da nur ein – kleiner oder großer – Teil der über Albanien migrierenden Menschen registriert wird, können wir nicht mit Gewissheit sagen, dass hier wirklich »die« Drehscheibe sei. Vielleicht sind andere Wege wichtiger, aber schwieriger dramatisierbar für die Strategen der Abschottung. Sicher ist nur, das der Politik-Medien-Komplex die Berichterstattung über dieses Thema dramatisierte, um auf Italien Druck auszuüben, wo die Flüchtlingspolitik bis zum Krieg noch relativ laissistisch gehandhabt wurde, und letztlich, um die Interventionen in Albanien und Südosteuropa vorzubereiten und zu legitimieren.

8 EU, Präsidentschaft (Österreich): Strategiepapier zur Migrations- und Asylpolitik, am 1. Juli 1998 dem K-4-Ausschuß übermittelt und beim Rat der EU unter der Signatur Dok. 9809/98, CK 4 27, ASIM 170 dokumentiert. Überarbeitung: Dok 9809/2/98 vom 19.11.1998

9 www.igc.ch

10 Das Inter-governmental Consultations on Asylum, Refugee and Migration Policies in Europe, North America and Australia (IGC), häufig Informal Consultations genannt, ist laut Selbstbeschreibung ein informelles Forum ohne Entscheidungsstrukturen, das sich dem Informationsaustausch und der Koordinierung der internationalen Flüchtlingspolitik zwischen den obengenannten sechzehn Staaten und zwei internationalen Organisationen widmet. Die IGC wurden 1985 gegründet. Ein eigenes Sekretariat eröffnete es im Juni 1991 in Genf. Es beschäftigt zwei Hauptangestellte und eine Reihe von abgesandten Verbindungsexperten aus den beteiligten Staaten. Alle genießen diplomatischen Status. Der Haushalt des Sekretariats beläuft sich auf unter einer Million US-Dollar, die technische Infrastruktur stellte zunächst das UNHCR und inzwischen die IOM. Frankreich hat sich aus diesem Netzwerk 1996 mit der Begründung zurückgezogen, dass die IGC parallel zur Europäischen Union arbeiteten. (IGC [Secretariat of the Inter-Governmental Consulations on Asylum, Refugee and Migration Policies in Europe, North America and Australia]: Information note on Intergovernmental Consultations on Asylum, Refugee and Migration Policies in Europe, North America and Australia [IGC], Genf 1999)

11 Genaueres zu IGC siehe Helmut Dietrich: Europäische Flüchtlingspolitik und der NATO-Krieg. Die Zerschlagung der Fluchtwege aus dem Balkan nach Westeuropa, in: Widerspruch, Heft 37, 1999

12 EU-Strategiepapier 1998; Ghosh, Bimal: Huddled Masses and Uncertain Shores:

Insights into Irregular Migration, IOM, Den Haag u.a. 1998; www.igc.ch

13 »Delegates thank the Government of the Federal Republic of Germany for having initiated this meeting.« (Budapest Group: Special Meeting of the Budapest Group on Illegal Migration through South-East Europe. Conclusions, Budpaest 29./30. Juni 1998, Budapest, S. 6; siehe auch: dies.: Background note to the Special Meeting of the Budapest Group on Illegal Migration through South East Europe, 19. Juni 1998, Wien 1998)

14 *Budapest Group: Conclusions; dies.: Background.* Unter anderem wurde an Maßnahmen in Südosteuropa beschlossen: Einführung der Visapflicht und Einschränkung der Visaerteilungen auch durch südosteuropäische Staaten; Durchsetzung sogenannter kompletter Kontrollen an allen Grenzen, das heißt an allen Grenzübergängen müssen ab sofort alle Personen mit ihren Papiere einzeln kontrolliert werden; Aufbau einer Überwachung der Überlandstraßen im Hinterland der Grenzen; Einführung von *Carrier Sanctions* gegen Transportunternehmen, die Sans Papiers befördern; Ausbau des Rückübernahmesystem auch zwischen den Staaten Südosteuropas; Austausch von Verbindungspolizisten; Verschärfung der Strafverfolgung von illegal Reisenden und FluchthelferInnen; Einrichtung nationaler Zentren zur Datensammlung »about new migration routes, the means of transport used, document fraud, instances of trafficking and trafficking organisations«. Aus jedem Land sind diese Informationen ab dem 15. August 1998 regelmäßig dem ICMPD in Wien zu melden. – Die westlichen Staaten verpflichten sich, die Beratung der Grenzpolizeien und Behörden längs der Südosteuropa-Route zu übernehmen und in kurzen zeitlichen Abständen Berichte über die Entwicklung der »illegalen Migration und der trafficking Aktivitäten« herauszugeben; Experten für längere Zeit an die »troublesome border crossings« und »at portions of the green and blue borders that are particularly prone to illegal migration« zu schicken, mit dem Auftrag, die Arbeit der Grenzpolizeien zu beobachten und zu beraten; Dokumente-Experten besonders auf Flughäfen und Seehäfen in Südosteuropa zu stationieren, die die lokalen Polizeien und Reiseunternehmen bei der Erkennung gefälschter Papiere schulen sollen; und Ausrüstung und Training der Grenzpolizeien zu verbessern.

15 Derzeit koordinieren sich im Budapester Prozess Vertreter aus 38 Regierungen und 10 internationalen Organisationen. Als Aufgaben des Budapester Prozesses werden in einem offiziösen Bericht genannt: »the compilation of an inventory of the needs of the Central and Eastern European (e.g., training, computers, vehicles, and communication equipment) and of possible offers from Western European sources and exploration of possibilities of additional financial assistance to improve border control and facilitate return programmes. The emphasis is thus shifting towards measures to combat migrant trafficking, border control and readmission agreements.« (Ghosh 1998, 136)

16 Forschungsgesellschaft Flucht und Migration (FFM): Europäische Integration auf dem Rücken von Flüchtlingen. Presseerklärung zu Abschiebungen aus Polen. Berlin, Dezember 1998

17 www.icmpd.org

18 www.icmpd.org. An Einzelprojekten des ICMPD seien genannt: Unterstützung eines europaweiten Rückführungsprogramms von Flüchtlingen nach Bosnien-

Herzegowina (Repatriation Information Centre [RIC]; www.ric.com.ba); ein *Mass information project* in Albanien seit 1997 mit finanzieller Unterstützung des UNHCR, das zum Ziel hat, die Leute vom Verlassen des Landes abzuhalten.

19 Jonas Widgren, International Migration and Regional Stability, in: Internat. Affairs 66, 4, (1990), 749-766

20 EU-Rat Justiz und Inneres: Entschließung über die Einrichtung eines Frühwarnsystems zur Übermittlung von Informationen über Illegale Zuwanderung und Schleuserkriminalität vom 27./28. Mai 1999, Dok.7965/99

21 Es ging, so der damalige deutsche Innenminister Manfred Kanther, gegen »die von Schleuserbanden organisierte illegale Zuwanderung irakischer Staatsangehöriger«, sein Beweis für die »besorgniserregende« Zunahme: Von Januar bis November 1997 habe es 13.043 Asylanträge von irakischen Staatsangehörigen in Deuschland gegeben. (Kanther, Manfred: Zustrom von Einwanderern aus Irak. Entwurf eines Sofort-Aktionsprogramms. Rat Justiz und Inneres am 4./5. Dezember 1997 in Brüssel, TOP 12, S. 1) In der Geschichte der Festung Europa ist die Inszenierung eines riesigen Bedrohungspotentials auf der Grundlage tatsächlich sehr geringer statistischer Zahlen ohne Beispiel. Für viele unvergessen ist sicherlich die Mediendramatik im Dezember 1997 und Januar 1998, als Kanther auf Schiffe mit kurdischen Flüchtlingen an Bord, die an der italienischen Küste an Land gingen, mit geradezu absurden Übertreibungen und Schreckensdrohungen aufmerksam machte und die italienischen Behörden auf Schengenkurs brachte. Die Dramatisierung der Ankunft von KurdInnen in Italien war der Teil der Kampagne, mit dem der Irak-Aktionsplan durchgesetzt wurde. – Der Aktionsplan Irak ging in seiner engeren Zielbestimmung davon aus, dass auch in Zukunft irakische Staatsangehörige, insbesondere KurdInnen, nicht über Bagdad abgeschoben werden könnten. Der Aktionsplan Irak, der nur zum Teil umgesetzt ist und daher bis heute auf der internationalen Agenda steht, sieht unter anderem vor, dass die Türkei ein Rückschiebesystem nach Südkurdistan (d.i. Nordirak) und eine Lagerverwaltung in Grenznähe aufbaut. Auf der einen Seite weigerten sich die gegen den Irak kriegführenden Staaten, politische Garantien für Südkurdistan (Nordirak) abzugeben; auf der anderen Seite erklärten dieselben Staaten diese Region zum Sicheren Hafen, zur Binnenfluchtalternative für KurdInnen, wohin abgeschoben werden kann.

22 [BGS] Grenzschutzdirektion, Zentralstelle Unerlaubte Einreise Schleusung: Auswerteprojekt. Einschleusung irakischer Staatsangehöriger nach Deutschland. 1. Juli 1997, 69 Seiten, Koblenz. Als Anlage der deutschen Delegation an CIREFI am 15. Dezember 1997 übermittelt (13415/97. Limité. CIREFI 74)

23 »Das Projekt wurde in Form einer Arbeitsgruppe des Sachgebietes II/22 bei der Grenzschutzdirektion konzipiert und durchgeführt.« (BGS 1997, S. 2). Als Quellenbasis fungieren: Ermittlungen des Bayrischen Grenzschutzes und des BGS gegen irakische Staatsbürger wegen Schleusungen, zum größten Teil wahrscheinlich über Telefonüberwachung; eine anscheinend systematische Auswertung aller Anhörungen irakischer Staatsangehöriger, die um Asyl nachsuchten, durch das BAFl; Ausländerzentralregister beim Bundesverwaltungsamt; Berichte von BGS-Verbindungsbeamten in Italien, Griechenland und der Türkei; Ermittlungen von Europol; Mitteilungen von Polizeien anderer Länder; JournalistInnen.

24 Kuci, Adriana: Stuck in Sarajewo. On the trail of a travel agency offering illicit package tours, in: Transitions, vol. 5 no. 12, Dezember 1998, S. 52-53. Prag 1998

25 EU, Innen- und Justizminister: Zustrom von Zuwanderern aus Irak, Dok. 12512/2/97 ASIM 229 REV 2. Brüssel 1997; Fortress Europe? 1998: – CL, Januar / Februar 1998, Nr. 53, EU, Der Rat 1997; Fortress Europe? 1998, 1

26 Centre for Information, Discussion and Exchange on the Crossing of Borders and Immigration (CIREFI): Aufzeichnung für den K.4-Ausschuss. Zustrom von Einwanderern aus Irak. 24. Oktober 1997, 11658/97, limite, CIREFI 53. Brüssel 1997

27 »Regelmäßiger Informationsaustausch. CIREFI und CIREA sollten den Austausch von Sachinformation fortsetzen, Analysen erstellen und die zuständigen Gruppen (»Asyl“; »Migration“; Außengrenzen“; »Gefälschte Dokumente“) hiervon unterrichten. Intensivierung der polizeilichen Zusammenarbeit zur Bekämpfung des Schleuserunwesens. [...] – Die Europol-Drogenstelle könnte operative Informationen über die Schleuserkriminalität zusammenstellen. Dem Rat wird vorgeschlagen, die EDU [Vorläufer von Europol] damit zu beauftragen, ein Ad-hoc-Projekt zur Bekämpfung der organisierten illegalen Einwanderung aus Irak auszuarbeiten sowie ein Netz aufzubauen, das den einschlägigen Sachverständigen die Kontaktaufnahme oder Zusammenkünfte ermöglicht.« (Bericht des Vorsitzes für den AstV/Rat (JI): Zustrom von Zuwanderern aus Irak. 2. Dezember 1997, Brüssel. Dok. 12512/2/97, REV 2, Limite, ASIM 229, Brüssel 1997, S. 4)

28 EU, Innen- und Justizminister 1997; Bundesregierung: Bericht über den Rat Justiz/Inneres am 4./5. Dezember 1997 – Innenthemen –. Bonn 1997

29 Kanther 1997 (s. Anm. 21), S. 4

30 EU, Der Rat für »Allgemeine Angelegenheiten«: Zustrom von Zuwanderern aus Irak und den Nachbargebieten: EU-Aktionsplan. 26. Januar 1998 Dok. 5573/98, Limite, ASIM 13 EUROPOL 12 PESC 27 COMEM 4 COSEE 4. Brüssel 1998

31 BGS 1997, S. 62

32 Dirscherl, Joachim: Der Reisewegsbeauftragte im Bundesamt. Probephase von Dezember 1998 bis Ende Mai 1999, in: Asylissimo. Mitarbeiterzeitung des BAFl, 1999, Heft 1, S. 6

33 EU, Der Rat, Presseerklärung, 3. Dezember 1998

34 EU-Dok 5264/99 vom 22.1.99; vgl. Claudia Roth und Mark Holzberger, Kosovo-Flüchtlinge: Ein Testfeld für eine weitere Demontage des Asylrechts in Europa, in Widerspruch Heft 37, 1999

35 pro asyl: Infomappe Nr. 6, März 1999, Frankfurt am Main 1999, V

36 EU Rat: Aktionsplan vom 3.12.98

37 »Die konstitutierende Sitzung der *task force* fand am 13./14. Januar 1998 statt. An den Arbeiten dieses Gremiums, das grundsätzlich allen Schengen-Partnerstaaten offensteht, haben sich bislang Italien, Griechenland, die Niederlande, Schweden, Frankreich und Deutschland beteiligt.« (Bundesministerium des Innern: Antwort auf Kleine Anfrage der PDS, BT-Drucksache 13/9673, Bonn 4. Februar 1998.)

38 Schengen, Exekutivvausschuss, 1997: Beschluss, SCH/Com-ex(97) 44 rev 2, 15. Dezember 1997, Wien

39 Die Vorarbeiten für die Erarbeitung gleicher internationaler Kriterien der Datenerfassung liefen seit 1994: Auf dem 11. IOM-Seminar zur Migration in Genf in jenem Jahr definierte man vier Kategorien des *Trafficking in Migrants*: Erstens muss ein Vermittler, ein *trafficker* für die Grenzüberschreitung da sein. Zweitens ist eine Bezahlung des *traffickers* vorauszusetzen. Drittens muss die beabsichtigte Bewegung illegal sein und von verschiedenen illegalen Handlungen unterstützt werden. Viertens ist eine gewisse Freiwilligkeit der migrierenden Person vorauszusetzen. Der Terminus *trafficking* umfasst also Flüchtlinge und FluchthelferInnen, die entsprechende offizielle Übersetzung wäre Schleuser und Geschleuste, aber es kam in den folgenden Jahren zu einer Begriffserweiterung: Aus dem Bezahlungskriterium wurde die Ausbeutungssituation während oder nach der Flucht. Diese Neudefinition führte zu einer Zuordnung des *traffickings* zum Feindbild der *Organisierten Kriminalität* mit einer entsprechenden Aufladung der angeblichen Gefährlichkeit der DelinquentInnen und des dagegengesetzten polizeilichen Bekämpfungspotentials. Ähnlich grotesk wie die Definitionsversuche von *Organisierter Kriminalität* geraten die *trafficking*-Kriterien: Alle Reisenden und international Tätigen in der hochmobilen Gesellschaft können unter Verdacht geraten. Die Überwachung der Verkehrswege – der Personen, der Kommunikation, des Geldes – ist mittlerweile zum wichtigsten Mittel der Verpolizeilichung der Migrations- und Fluchtbekämpfung geworden, mit enormen Rückwirkungen auf alle beteiligten Behörden; die Grenzen zwischen polizeilicher, staatsanwaltlicher und richterlicher Arbeit verwischen. (siehe EU, Der Rat: FALCONE. Vorschlag für eine vom Rat angenommene gemeinsame Maßnahme zur Festlegung eines Austausch-, Ausbildungs- und Kooperationsprogramms für Personen, die für die Bekämpfung der Organisierten Kriminalität zuständig sind, 12369/2/97 REV 2. Brüssel 1997) Auf den Durchgangsstraßen und auf den Eisenbahnstrecken ist in Deutschland inzwischen weitgehend die Schleierfahndung durchgesetzt, d.h. die anlass- und verdachtsunabhängige Kontrollmöglichkeit durch die Polizei, die sich bei der Feststellung von Anhaltspunkten für Kontrollen auf folgende Momente stützt: mobile Datenerfassung von Kfz-Zeichen, phänotypische Kriterien der Personenerfassung und Denunziationen aus der Bevölkerung.

40 [BGS] Grenzschutzdirektion: Migration aus dem Kosovo. Münchner Staatengruppe. [Tägliches Bulletin seit dem 24. März 1999] Koblenz

41 Gefunden habe ich den Titel über den Karlsruher Virtuellen Katalog (KVK), der darauf verweist, dass der Text in der juristischen Fakultät der britischen Universität Nottingham vorhanden ist.

42 Das TIES der IGC sammelt aus den teilnehmenden Staaten folgende Daten: *Geschleuste:* Nationalität der geschleusten Personen, Zahl der geschleusten Personen, Geburtsland der geschleusten Personen, Untergruppe im Herkunftsland, Land vorherigen Aufenthalts, Alter, Geschlecht, Tätigkeit, Ziel (Transit oder bleibend), Ausbeutungssektor, Ausbeutungsmethode. *Dokumente:* Art des Nutzens, Gebrauch von Dokumenten, Typen der gebrauchten Dokumente, Nummer der Dokumente dem Typus nach, Nummer der Dokumente dem Gebrauch nach, Nationalität der Dokumente, Ort der Ausstellung der Dokumente, Art der Fälschung der Dokumente. *Routen*: Ausgangspunkt, Transitpunkt(e), Zielpunkt,

Letzter Einstiegsort, Art des Transports, Punkt der Verhaftung. *Information über Traffickers:* Nationalität der beteiligten Trafficker, Status im Land des gemeldeten Aufenthalts, Ort der beteiligten Trafficker, Art des Business des Traffickers, angebotenene Dienstleistungen des Traffickers, Kosten der Dienstleistungen des Traffickers, gesprochene Sprachen, physische Beschreibung. (ICMPD [Hrsg.]; Tass, Tom: Comparative analysis (preliminary version) of the information exchange systems on illegal migration established by the International Border-Police Conference (IBPC) and by the Inter-governmental Consultations (ICG); prepared for the 5th IBPC Conference in Siófok, 13-14 May 1997. Wien 1997, S. 8 f.)

43 Widgren, 1990, International Migration and Regional Stability, in: Internat. Affairs 66, 4, 749-766

44 Hamburger AK Asyl, Alles Makulatur. De-facto-Flüchtlinge vor der Abschiebung? Juni 1990, S.8 f.; Die Welt 4.7.91

45 taz 7.5. und 11.5.99

46 UNHCR: Kosovo aktuell, 26.5.99

47 il manifesto, zahlreiche Reportagen im Mai 1999

48 www.afsouth.nato.int/harbour/

49 Der Spiegel, 18/1999, 166 f.

50 ÖMZ 4/99, s. 466

51 ÖMZ 4/99, S. 467

52 Am 16. April 1999 startete die NATO mit Militärs von PfP-Staaten und anderer Länder die Operation »Allied Harbour« in Albanien. Ihre Hauptaufgabe war die Errichtung von Flüchtlingslagern und der Aufbau einer Koordinations- und Fernmeldelogistik. An der Militäraktion beteiligen sich Albanien, Österreich, Belgien, Kanada, die Tschechische Republik, Dänemark, Frankreich, Deutschland, Griechenland, Italien, Ungarn, Luxemburg, Litauen, die Niederlande, Norwegen, Polen, Portugal, Rumänien, die Slowakei, Slowenien, Spanien, Türkei, die Vereinigten Arabischen Emirate, Großbritannien und die USA. Territorial oder aufgabenorientiert wurden sechs Gruppen gebildet, die unter dem Kommando einer »lead nation« stehen. (ÖMZ 4/99, S. 485)

53 NZZ 5.5.99

54 il manifesto 18. Mai 1999

55 la Republica 28. Mai 1999

56 taz 12.5.99

57 Geschäftszeichen A 2 – 125 242 JUG/4, gez. Brämer

58 FR 8. Mai 1999

59 Exemplarisch sei auf eine Entscheidung des Berliner Verwaltungsgerichts am 20. November 1998 zur Rechtmäßigkeit des staatlichen Entzugs von Unterkunft, Ernährung und medizinischer Behandlung hingewiesen. Dort heißt es: »Bei seiner Einreise [im September 1998] konnte der [kosovarische] Antragsteller nicht davon ausgehen, trotz fehlender Sprachkenntnisse und trotz illegaler Einreise seinen Lebensunterhalt hier anders als durch Inanspruchnahme öffentlicher Mittel bestreiten zu können. Dass demgegenüber andere Motive für den Einreiseentschluß prägend gewesen sind, ist nicht glaubhaft gemacht. Der Krieg im Kosovo mag als Einreisemotiv nicht zu überzeugen. Dies mag das Motiv gewesen sein, die umkämpfte Region Kosovo zu verlassen, erklärt jedoch schon nicht die

Ausreise aus der BR Jugoslawien und erst recht nicht die Einreise gerade nach Deutschland [...] Unabweisbar geboten sind gegenwärtig nur die Kosten der preisgünstigsten Beförderung zum ausländischen Herkunftsort sowie Reiseproviant. Diese Leistungen begehrt der Antragsteller in vorliegenden Verfahren jedoch nicht.« Zum beantragten Krankenschein wegen Zahn- und Augenschmerzen heißt es, dass der Antragsteller die Schmerzen »nach der Rückkehr in seiner Heimat behandeln lassen könnte.“ (VG Berlin 6 A 534.98 vom 20. November 1998, zitiert nach Classen, Georg: Rechtsprechungsübersicht zu § 1a AsylbLG, Berlin [e-mail-Liste »Coyote«, Stand: 1.3.1999])

60 Zur Anfertigung eines speziellen Lageberichts zur Kriminalität von Kosovo-AlbanerInnen befragte das BKA 91 Stellen von Ländern, Zollämtern und BGS. Mit diesem Lagebericht begann die Bundesregierung im Juni 1998 die öffentliche Diskussion über Abschottungsmaßnahmen gegenüber Flüchtlingen aus der Region. (Berliner Zeitung, 11. Juni 1998)

61 Zeichen 46.31-12230/1-1

62 Roth, Holzberger, Kosovo-Flüchtlinge; Pro Asyl Info, Presseerklärung 5.5.99

63 www.reliefweb.int, 2. Juni 1999.

64 www.reliefweb.int, IOM Kosovo Emergency Update 8 July 1999

65 www.reliefweb.int, UN Interim Administration Mission in Kosovo (UNMIK): 8. July 1999

66 Lausitzer Rundschau 7. Juni 1999.

67 www.reliefweb.int, USAID (U.S. Agency for International Development) Kosovo Crisis Fact Sheet 69, 10. Juni 1999

68 Berliner Zeitung 7. Juli 1999

69 Berliner Zeitung 21. September 1999

70 Das Innenministerium Baden-Württemberg schreibt – gez. Dietrich von Moser, Az: 4-13-JUG/88 – am 11.6.99 an die Regierungspräsidien, die Bürgermeister und die mit der Flüchtlingsverwaltung beauftragten Behörden eine Eilmitteilung über Beschlüsse der Innenministerkonferenz vom selben Tag:

»2.1. Der vom [IMK-]Beschluss erfasste Personenkreis [illegal einreisende Kosovo-Albaner] wird derzeit nach Nr. IV. des o.a. Erlasses vom 08.04.1999 erfaßt [Nr. IV des Schreibens des Innenminsteriums vom 08.04.1999, Az. 4-13-JUG/45, betr. Aufnahme von Kosovo-Albanern aus der Bundesrepublik Jugoslawien auf der Grundlage des § 32 a AuslG]. Die Ausländerbehörden werden gebeten, diese Erhebung mit den Personen, die bis einschließlich 11.06.1999 eingereist sind, abzuschließen und gesondert, inhaltlich aber unverändert, für die ab 12.06.1999 einreisenden Personen fortzuführen. Bei diesen Personen ist in erheblichem Umfang damit zu rechnen, dass sie nach Maßgabe des IMK-Beschlusses in andere Bundesländer verteilt werden.

2.2. An die ab dem 12.06.1999 einreisenden Personen sind zunächst keine Duldungen nach §§ 55 f. AuslG zu erteilen. Den Ausländern ist lediglich eine formlose Bescheinigung über ihre Meldung bei der Ausländerbehörde auszustellen.«

71 Lutovac, Zoran: Serbisch-albanische Beziehungen in Kosovo, in: Seewann, Gerhard: Minderheiten als Konfliktpotential in Ostmittel- und Südosteuropa, München 1995, S. 150

72 www.reliefweb.int, UNHCR Press Releases, Genf 11. Mai 1999: UNHCR and

IOM announce technology partnership to set up system to register Kosovo refugees in Albania.

73 www.reliefweb.int, USAID (U.S. Agency for International Development) Kosovo Crisis Fact Sheet, 68, 9. Juni 1999

74 MRC: Mazedonisches Rotes Kreuz

75 International Federation of Red Cross

76 www.reliefweb.int, USAID (U.S. Agency for International Development)Kosovo Crisis Fact Sheet 69, 10. Juni 1999

77 The EU-RIC Newletter, No. 1, April 1999, und The EU-RIC Newsletter No. 3, June 1999

78 Chandler, David: Bosnia: Faking Democracy After Dayton, London 1999. Siehe auch den zusammenfassenden Artikel von D. Chandler »Faking Democracy« in Jungle World Nr. 26, 23. Juni 1999

79 www.ric.com.ba – An der Working Group nehmen regelmäßig teil:
Regierungsinstitutionen: Österreichisches Innenministerium, deutscher Koschnik-Stab [Der Beauftragte der Bundesregierung für Flüchtlingsrückkehr und rückkehrbegleitenden Wiederaufbau in Bosnien-Herzegowina], die Schweizer DEZA [Direktion für Entwicklung und Zusammenarbeit] und BFF [?], Botschaft Schweden, Botschaft Dänemark, das bosnisch-herzegowinische Ministerium für Zivile Angelegenheiten und Kommunikation, das Ministerium für Flüchtlinge und DP, USAID.
Internationale Organisationen, NGOs: UNHCR, IOM, Danish Refugee Council, OHR [Office of the High Representative], ICVA, Deutsche Caritas, IMG [International Management Group], ICMPD/RIC.
Für die finanzielle Unterstützung der Working Group sorgen Deuschland, Österreich und die Schweiz [ICMPD-RIC Activities and Achievements Report for Period Ending Mid-March 1999 (www.icmpd.org/news/RIC_AB)]

80 »RIC serves as a comprehensive clearinghouse for information related to all aspects of repatriation and return movements of refugees and displaced persons within and to Bosnia and Herzegovina, with the aim of facilitating the decision-making process of relevant and interested institutions, organisations and individuals, both inside and outside Bosnia and Herzegovina.« (www.ric.com.ba)

81 Senatsverwaltung für Gesundheit und Soziales. Die Ausländerbeauftragte des Senats von Berlin: Bericht über die freiwilige Rückkehr bosnischer Flüchtlinge. Berlin, Juli 1999

82 Die RRR-Teams bestehen meist aus drei Soldaten und einem Übersetzer. (Protokoll über das Treffen der »Sarajewo working group of Host Countries, Internatiomal Institutions and Local Authorities« am 24. März 1999) (www.ric.com.ba)

83 Hauptsächlich verfasst die Bundeswehr (GECONSFOR CIMIC-Group) diese Berichte. In bestimmten Gegenden lässt sie sich durch US-Marines (RRT Corps) unterstützen. »In a concise form, the reports provide necessary background information on all aspects of life and living conditions in the respective municipality. RRRs are available in either English or German, and always in Bosnian. In addition to an executive summary, the reports include sections on population structure, returnees' safety prospect, security situation and mine contamination, available housing capacities, public infrastructure, employment and economy,

social and legal aid, health care facilities, public transportation, important contact addresses, and detailed maps.« The EU-RIC Newsletter No. 1, April 1999, S. 3

84 Barbara John, Ausländerbeauftragte des Landes Berlin, Presseerklärung 21.7.1999. Demnach hat sie bis zu diesem Zeitpunkt für das Land Berlin Verträge mit 35 Gemeinden in Bosnien-Herzegowina über die Aufnahme von rückkehrenden bzw. abgeschobenen Flüchtlingen abgeschlossen.

85 Statement on the occasion of the Stability Pact Summit, Sarajewo 29.-30. July 99 (www.icmpd.org)

86 www.intl-crisis-group.org

87 www.ceps.be

88 CEPS, A System for Post-War South-East Europe, Brussels, 3 May 1999, Revision 4

89 X.Bougarel, Falsche Lehren aus alten Fehlern. Eine Bilanz der westlichen Balkanpolitik im Licht des Kosovo-Kriegs, Le Monde Diplomatique (D) September 1999, S.16 f.

90 »In den vergangenen Wochen hat sich dramatisch vollzogen, was als ›neue deutsche Verantwortung‹ im Grunde seit Ende des Kalten Krieges und der staatlichen Einigung Deutschlands abzusehen war, [...] wo Europa sich auch politisch für Europa zuständig fühlt – und die entsprechende Verantwortung übernimmt. Das macht die Bedeutung unserers Engagements auf dem Balkan aus. Und insofern stimme ich Ismail Kadaré auch zu, wenn er von einem ›Gründungsakt‹ spricht.« Gerhard Schröder, Regierungserklärung zur Wiedereröffnung des Reichstags. Abgedruckt in: Süddeutsche Zeitung, 20. April 1999

91 vgl. die Diskussion zur Innenstädtepolitik in den USA

Hochrangige Gruppe 1999 »Asyl und Migration«

Brüssel, den 15. September 1999 (27.09) (OR. en)
SN 3769/2/99 REV 2 – Entwurf –

AKTIONSPLAN FÜR IRAK *

A. ALLGEMEINE EINFÜHRUNG
- I. Irak
  - Politische Lage
  - Wirtschaftslage
  - Menschenrechtslage
- II. Benachbarte Gebiete

B. STATISTISCHE BASISDATEN UND AUSGANGSLAGE
- III. Statistische Angaben
  - Irakische Staatsangehörige in den EU-Mitgliedstaaten
  - Irakische Staatsangehörige in anderen Staaten
- IV. Analyse der Abwanderungs- und Fluchtursachen

C. BESTEHENDE MASSNAHMEN UND AKTIONEN
- I. Übersicht über die bestehenden Maßnahmen und Aktionen der Mitgliedstaaten
- II. Übersicht über die bestehenden Maßnahmen und Aktionen der Gemeinschaft/Union
- 1. Aktionsplan der EU betreffend den Zustrom von Zuwanderern aus Irak und den Nachbargebieten
- 2. Andere bestehende Maßnahmen und Aktionen der Gemeinschaft/Union
  - Politische Ebene
  - Wirtschaft und Entwicklungszusammenarbeit
  - Humanitäre Hilfe
- III. Maßnahmen und Aktionen des UNHCR, der IOM, des IKRK und anderer zwischenstaatlicher und nichtstaatlicher Organisationen

D. BEURTEILUNG DER DERZEITIGEN SACHLAGE

E. ERFORDERLICHE MASSNAHMEN DER GEMEINSCHAFT/UNION
- I. Weitere Umsetzung des Aktionsplans der EU betreffend den Zustrom von Zuwanderern aus Irak und den Nachbargebieten

A. ALLGEMEINE EINFÜHRUNG

I. Irak

Politische Lage

(1) Saddam Hussein ist seit 1979 an der Macht in Irak. Er stützt sich auf einen omnipräsenten Sicherheitsapparat, der durch enge Verflechtungen zwischen Partei, Familie und Clan gekennzeichnet ist. Irak ist eine Diktatur; Gewaltenteilung besteht nicht. Der Revolutionäre Kommandorat hat sowohl Legislativ- als auch Exekutivbefugnisse. Das Parlament ist politisch entmachtet. Das Kabinett muß sich bei allen wichtigen Beschlüssen nach Saddam Hussein und seinem Stab richten. Rechtsstaatliche Grundsätze und grundlegende politische Rechte werden nicht beachtet. Nach dem Einmarsch des Irak in Kuwait verhängte der Sicherheitsrat der Vereinten Nationen 1990 umfassende Sanktionen gegen Irak. Trotz der sich stetig weiter verschlechternden Lebensbedingungen in Irak ist die Herrschaft Saddam Husseins nicht ernsthaft gefährdet. Die irakische Bevölkerung hat keine aktiven Versuche zum Sturz des gut organisierten Regimes in Bagdad unternommen, da dies mit hoher Wahrscheinlichkeit nur eine um so stärkere Unterdrückung und Verfolgung zur Folge hätte.

(2) Seit dem Ende des Golfkriegs wurden zwei Flugverbotszonen eingerichtet: die eine im Nordirak (nördlich des 36. Breitengrads) zum Schutz der kurdischen, turkmenischen und assyrischen Minderheiten und die andere im Südirak (nördlich des 33. Breitengrads, auf den sie im September 1996 vom 32. Breitengrad aus ausgedehnt worden war) zum Schutz der vorwiegend schiitischen Gemeinschaft. Im Januar 1999 erklärte Irak, daß er die Flugverbotszonen als illegal betrachte und entsprechend handeln werde.

(3) Der Nordirak steht nicht unter der Kontrolle der Zentralregierung in Bagdad. Er wird von zwei kurdischen Gruppierungen (der KDP - Demokratische Partei Kurdistans und der PUK - Patriotische Union Kurdistans) großenteils als autonome Region verwaltet. Nach amerikanischer Vermittlung stimmten die Führer von KDP (Massud Barsani) und PUK (Dschalal Talabani) der Beilegung des zwischen ihnen bestehenden Konflikts zu. Am 17. September 1998 unterzeichneten sie in Washington ein Friedensabkommen, in dem sie die territoriale Integrität innerhalb der international anerkannten Grenzen von Irak, einschließlich der von den Kurden besiedelten nördlichen Provinzen, akzeptierten. Das Abkommen ist zum Teil umgesetzt worden. Im Nordirak ist weiterhin die bewaffnete PKK (Arbeiterpartei Kurdistans) aktiv. Die Anwesenheit der PKK führt regelmäßig zu Kontroversen zwischen den kurdischen Parteien in Irak und hatte zur Folge, daß die türkische Armee in dem Gebiet mehrfach direkt militärisch eingeschritten ist.

(4) Die irakische Innenpolitik ist weitgehend von der ethnischen, religiösen und sozialen Heterogenität des Landes geprägt. Die Bevölkerungsmehrheit stellen die schiitischen Araber; die sunnitischen Kurden des Nordirak stehen seit vielen Jahrhunderten mit den Arabern in der Region in Konflikt. Loyalität ist zuallererst gegenüber der ethnischen Gruppe, dem Clan und der Familie zu bezeugen. Das derzeitige Regime wird von sunnitischen Arabern dominiert. Es stellt eine Minderheit dar und setzt seinen Willen mittels eines rücksichtslosen Zentralismus durch.

(5) Die Sicherheitskräfte halten sich in dem von der Regierung kontrollierten Irak häufig nicht an die polizeilichen Vorschriften. Sie gehen willkürlich und brutal vor. Außergerichtliche Festnahmen und Hinrichtungen sind an der Tagesordnung. Obwohl zuverlässige statistische Angaben äußerst schwierig zu erlangen sind, schätzt der VN-

Sonderberichterstatter, Herr Max van der Stoel, in seinem Bericht »Situation of Human Rights in Iraq« vom 26. Februar 1999 die Zahl summarischer, willkürlicher oder außergerichtlicher Hinrichtungen aus politischen Gründen seit Herbst 1997 auf insgesamt 2.500 Fälle. In vielen Teilen von Irak herrscht eine von Angst geprägte Stimmung.

(6) Die irakische Opposition ist zersplittert und agiert weitgehend im Exil oder vom Exil aus. Wie weit sie in Irak Unterstützung findet, läßt sich schwer einschätzen. Derzeit gibt es keine einzige bekannte Persönlichkeit, die an die Spitze der Opposition treten und eventuell in Irak mit breiter Unterstützung regieren könnte. Viele der verschiedenen oppositionellen Gruppierungen befürworten die Einsetzung einer geeinten, demokratischen und pluralistischen Regierung in Bagdad.

(7) Die Angehörigen der Elite haben das Land nach Möglichkeit weitgehend verlassen. Die Abwanderung von Wissenschaftlern und Lehrern aus den irakischen Universitäten und Schulen in das benachbarte Jordanien, andere arabische Staaten und sonstige Länder stellt ein ernstes Problem dar. Das von den VN verhängte Embargo zeitigt nachteilige Auswirkungen auf die Schulen und Universitäten. Es herrscht Mangel an Papier, Unterrichtsmaterialien, Lehrbüchern und ausländischen Publikationen. Die Studenten in Irak haben fast keinen Zugang zu internationalen Veröffentlichungen.

Wirtschaftslage

(8) Die Bevölkerung von Irak umfaßt 22 Millionen Menschen (wovon 4 Millionen in Bagdad und 3 Millionen in den von den Kurden kontrollierten Gebieten im Norden leben).

(9) Irak besitzt die zweitgrößten Erdölvorkommen der Welt (10 % der bekannten weltweiten Erdölreserven). Nichtsdestoweniger ist das BIP von Irak auf den Stand der vierziger Jahre oder auf annähernd 18 % des Stands vor dem Golfkrieg gesunken, seit der Sicherheitsrat der Vereinten Nationen 1990 die umfassenden Sanktionen verhängte. Das Pro-Kopf-BIP beträgt circa 500 Euro pro Jahr. Aufgrund seiner Auslandsschulden von 70 Milliarden Euro, Reparationsforderungen von insgesamt 220 Milliarden Euro und Wiederaufbaukosten von rund 114 Milliarden Euro wird Irak noch lange Zeit ein Entwicklungsland bleiben, auch wenn es dem Land gelänge, sich von den Sanktionen zu befreien.

(10) Im Rahmen der Umsetzung des seit Dezember 1996 wirksamen Abkommens »Lebensmittel für Erdöl« darf der Irak Erdöl und

Erdölprodukte im Gesamtwert von 5,3 Milliarden Euro pro Halbjahr exportieren, um den Erwerb von Hilfsgütern zu finanzieren. Seit Beginn der Umsetzung des Programms waren bis März 1999 Güter im Wert von rund 3,5 Milliarden Euro nach Irak gelangt. Dennoch hat sich die Versorgungslage der Zivilbevölkerung nicht wesentlich gebessert. Die Verhältnisse sind nach wie vor als deprimierend zu bezeichnen.

(11) Die Phase 5 des Programms »Lebensmittel für Erdöl« ist im Dezember 1998 angelaufen. Stärker noch als die vorangegangene Phase leidet sie unter den niedrigen Erdölpreisen, so daß weniger Mittel für den Erwerb von Hilfsgütern zur Verfügung stehen. Die Verteilung verläuft infolge logistischer und organisatorischer Probleme oft nicht reibungslos. In wichtigen Bereichen der Infrastruktur (Wasser- und Stromversorgung) ist weiterhin eine Verschlechterung zu verzeichnen, wobei Bagdad besonders betroffen ist. Durch die Verabschiedung des Programms »Lebensmittel für Erdöl« konnte eine größere Lebensmittelknappheit in Irak jedoch verhindert und die Gesundheitssituation vor allem im Norden verbessert werden.

(12) Im Nordirak herrschen bessere Lebensbedingungen als in den übrigen Teilen des Landes. Die von der KDP kontrollierten Gebiete werden hauptsächlich aus der Türkei und die PUK-Gebiete aus Iran mit Gütern beliefert, unter anderem auch mit solchen, die dem Embargo unterliegen. Außerdem wird humanitäre Hilfe im Rahmen der VN-Resolution 986 sowie Unterstützung durch die NRO geleistet. Die medizinischen Einrichtungen im Nordirak befinden sich in weit besserem Zustand als diejenigen in den unter der Kontrolle Bagdads stehenden Gebieten. Ein Großteil der kurdischen Bevölkerung lebt allerdings von Subsistenzwirtschaft, vom Schmuggel und von Lebensmittelrationen.

Menschenrechtslage

(13) Der Schutz der Menschenrechte, die persönliche Freiheit und der Rechtsschutz sind in der irakischen Verfassung förmlich garantiert. Irak hat die wichtigsten internationalen Menschenrechtskonventionen ratifiziert. Dessenungeachtet ist die Menschenrechtslage als besorgniserregend anzusehen. Seit 1992 verweigert Irak dem VN-Sonderberichterstatter den Besuch des Landes. Das irakische Regime setzt seine politischen Ziele rücksichtslos durch. Die grundlegenden Menschenrechtsnormen werden nicht angewendet.

(14) Die bürgerlichen Rechte auf Leben, Freiheit und körperliche Unversehrtheit sowie die Gedanken-, Meinungs-, Versammlungs- und Vereinigungsfreiheit sind vom Regime effektiv aufgehoben worden; die Rechte der politischen Beteiligung werden grob mißachtet. Der VN-Sonderberichterstatter, Herr Max van der Stoel, stellte in seinem Bericht abschließend fest, daß das vorherrschende System der systematischen und gezielten Menschenrechtsverletzungen in Widerspruch zu den von Irak eingegangenen zahlreichen internationalen Verpflichtungen steht.

(15) Ungeachtet des ursprünglich weltlich ausgerichteten Nationalismus der Baath-Bewegung und ungeachtet des gesetzlich verankerten Schutzes der Gleichheit der Konfessionen unterdrückt das Regime in den letzten Jahren die Gemeinschaft der Schiiten, einschließlich der Geistlichen, von denen einige unlängst zu Tode verurteilt worden sind.

II. Benachbarte Gebiete

(16) Der Zustrom irakischer Asylbewerber blieb nicht ohne bedeutende Auswirkungen auf die Verhältnisse in den umgebenden Ländern. Die Fähigkeit und die Kapazität dieser Länder, sich auf diese Veränderungen einzustellen, ist recht unterschiedlich.

(17) Die Türkei ist Vertragspartei des Genfer Abkommens von 1951; in einem geographischen Vorbehalt beschränkt sie ihre Verpflichtungen auf Flüchtlinge aus europäischen Ländern. Dennoch hat die Türkei einer beträchtlichen Anzahl von Flüchtlingen von außerhalb Europas den vorübergehenden Verbleib in ihrem Hoheitsgebiet gestattet, bis sie sich in einem anderen Land endgültig niederlassen können. Der UNHCR hat sein eigenes Verfahren zur Zuerkennung des Flüchtlingsstatus gemäß dem Mandat beibehalten, da das mit der Asylverordnung von 1994 eingeführte staatliche Verfahren Mängel aufweist, die ein mit internationalen Normen in Einklang stehendes Anerkennungsverfahren nicht gewährleisten. Die türkischen Behörden gewähren Nichteuropäern einschließlich Irakern eine Art vorübergehendes Asyl nach ihren eigenen Registrierungs- und Anhörungsverfahren. Asylbewerber und Flüchtlinge aus außereuropäischen Staaten sehen sich derzeit in der Türkei einer Reihe von Problemen in bezug auf ihren Schutz gegenüber. Im Jahre 1997 gelang es dem UNHCR in Zusammenarbeit mit den türkischen Behörden, den Status von rund

3.000 Flüchtlingen, darunter Flüchtlinge aus Irak, die nach ihrer Ankunft die türkischen Registrierungsverfahren nicht eingehalten hatten, zu legalisieren. Die Türkei ist an einer verstärkten Zusammenarbeit mit der EU interessiert, um die illegale Einwanderung zu bekämpfen und Rückübernahmeabkommen mit ihren Nachbarländern zu schließen.

(18) Naher und mittlerer Osten (Jordanien, Libanon, Syrien, Iran). Flüchtlinge genießen im Nahen und mittleren Osten generell keinen effektiven Schutz. Allenfalls werden sie von den Regierungen der Region unter der Bedingung geduldet; daß der UNHCR ihnen Hilfe leistet, bis eine dauerhafte Lösung gefunden wird (d.h. freiwillige Rückkehr oder Umsiedlung in ein drittes Land). Grundlegende Rechte, wie Freizügigkeit und Recht auf Arbeit, Bildung und Gesundheitsversorgung, werden ihnen nicht immer zugestanden, noch sind sie vor willkürlicher Festnahme und Inhaftierung geschützt. Obwohl in den letzten Jahren eine gewisse Entwicklung zu erkennen ist, werden sie zuweilen zurückgewiesen. Im April 1998 einigten sich der UNHCR und Jordanien auf eine Vereinbarung, mit der eine De-facto-Anwendung der Genfer Flüchtlingskonvention sichergestellt ist. Die Erfahrung zeigt, daß Jordanien seinen Verpflichtungen aus der Vereinbarung sorgfältig nachkommt und eng mit dem UNHCR zusammenarbeitet.

B. STATISTISCHE BASISDATEN UND AUSGANGSLAGE

I. Statistische Angaben

Irakische Staatsangehörige in den EU-Mitgliedstaaten

(19) Im Zeitraum 1990-1998 nahm Deutschland die meisten irakischen Asylbewerber auf, ca. 46.400 oder 30 % der Gesamtzahl der von Irakern gestellten Asylanträge, gefolgt von den Niederlanden (32.700 oder 21 %), Schweden (21.600 oder 14 %), Griechenland (12.800 oder 8 %) und Österreich (9.300 oder 6 %).

(20) Im Jahre 1998 nahmen die Niederlande 24 % aller von Irakern gestellten Asylanträge entgegen, gefolgt von Deutschland (22 %, ausgenommen erneut eingeleitete Asylverfahren) und Schweden (11 %).

Irakische Staatsangehörige in anderen Staaten

(21) Die größte Gemeinschaft irakischer Flüchtlinge lebt in Iran, wo sich nach den Informationen des UNHCR zu Beginn des Jahres 1999 mehr als eine halbe Million irakischer Staatsangehöriger (539.880) aufhielten. Bei ungefähr der Hälfte von ihnen dürfte es sich um irakische Kurden handeln.

(22) Schätzungsweise 100.000 bis 200.000 irakische Staatsangehörige halten sich in Jordanien auf; die große Mehrheit von ihnen wird als illegale Einwanderer betrachtet. Bis Ende 1998 waren rund 8.000 irakische Staatsangehörige als Asylbewerber registriert. Einigen Hundert von ihnen ist in den letzten Jahren der Flüchtlingsstatus zuerkannt worden; viele von ihnen sind in dritte Staaten umgesiedelt worden (450 im Jahre 1997).

(23) Der UNHCR registrierte im Zeitraum 1991-1999 12.038 irakische Asylbewerber in Syrien (1998 allein 1.954). Den syrischen Behörden zufolge halten sich etwa 20.000-25.000 irakische Flüchtlinge im Land auf. Da es keine aufenthaltsrechtlichen Vorschriften in bezug auf Iraker gibt, dürfte die Zahl irakischer Staatsangehöriger, die sich in Syrien als Einwanderer aufhalten, erheblich größer sein. Etwa 30 irakischen Staatsangehörigen wird jede Woche die Einreise nach Syrien gestattet.

(24) Darüber hinaus hat der UNHCR 2.872 irakische Flüchtlinge in Libanon und 1.764 in Kuwait registriert.

II. Analyse der Abwanderungs- und Fluchtursachen

(25) Die Hauptgründe für die Abwanderung und die Flucht aus dem Irak sind in der besorgniserregenden Menschenrechtslage, der katastrophalen humanitären Lage, den fehlenden Aussichten auf eine politische Änderung, der Isolation von der Außenwelt, der Unsicherheit hinsichtlich des Zeitpunkts der Milderung oder Aufhebung der Sanktionen und den düsteren Wirtschaftsaussichten zu sehen.

(26) Die Gründe für Flucht und Abwanderung sind je nach Region unterschiedlich. Schätzungsweise handelt es sich bei 60-80 % der in die Union einreisenden irakischen Staatsbürger um Kurden aus dem Nordirak.

(27) Unter der kurdischen Bevölkerung besteht Unsicherheit über die politische Zukunft des Nordirak. Die vorwiegend kurdische Bevöl-

kerung im Nordirak hegt Zweifel hinsichtlich des Erfolgs des internen kurdischen Aussöhnungsprozesses und der politischen Zukunft (Autonomie) des Nordirak. Versuche der KDP und der PUK zum Aufbau gemeinsamer kurdischer Verwaltungsstrukturen schlugen bislang fehl. Der Auswanderungsdruck unter den irakischen Kurden rührt im wesentlichen aus der politischen, rechtlichen und wirtschaftlichen Unsicherheit her.

(28) Außer im Falle genau bestimmter gefährdeter Gruppen und nach Bewertung des Einzelfalls kann die Region Nordirak als inländische Flucht-Umsiedlungsalternative für diejenigen angesehen werden, die eine Verfolgung durch das Regime in Bagdad befürchten. Nach Ansicht des UNHCR müssen bei einer inländischen Fluchtalternative die bestehenden familiären, politischen oder gemeinschaftlichen Bindungen berücksichtigt werden. Der UNHCR vertritt den Standpunkt, daß PUK- und KDP-Anhänger in das von ihrer Partei kontrollierte Gebiet fliehen können. Weitere Einzelheiten bezüglich des Standpunkts des UNHCR sind der »UNHCR Note on the applicability of an Internal Relocation Alternative for Iraqi asylumseekers and the question of return of rejected cases«, Brüssel, 17. Juni 1999, zu entnehmen.

(29) Obwohl der christlichen Gemeinschaft traditionsgemäß mit einem relativ hohen Grad an Toleranz begegnet wird, entschieden sich einige Mitglieder dieser Gemeinschaft dennoch dafür, das Land zu verlassen, da sie befürchten, daß es zu einer weiteren Islamisierung der irakischen Gesellschaft kommen könnte.

C. BESTEHENDE MASSNAHMEN UND AKTIONEN

I. Übersicht über die bestehenden Maßnahmen und Aktionen der Mitgliedsstaaten

(30) Die meisten Mitgliedstaaten unterhalten diplomatische Beziehungen zu Irak. Die Wirtschaftsbeziehungen sind eingeschränkt. Der Handel mit Irak erreicht wegen der VN-Sanktionen nur einen geringen Umfang.

In Anlage II findet sich eine Zusammenfassung der bilateralen Maßnahmen und Aktionen in den Bereichen allgemeine Politik, Wirtschaft, Entwicklungszusammenarbeit sowie Justiz und Inneres.

II. Übersicht über die bestehenden Maßnahmen und Aktionen der Gemeinschaft/Union

1. Aktionsplan der EU betreffend den Zustrom von Zuwanderern aus Irak und den Nachbargebieten

(31) Der Rat »Allgemeine Angelegenheiten« nahm am 26. Januar 1998 einen Aktionsplan zu Irak und den Nachbargebieten an. Die noch nicht umgesetzten strategischen Punkte dieses Aktionsplans sind mit den Beziehungen zu Drittländern, insbesondere der Türkei, verbunden. Auf seiner Tagung vom 26./27. März 1998 einigte sich der K.4-Ausschuß grundsätzlich darauf, daß zur Umsetzung des im Aktionsplan enthaltenen Mandats bezüglich der Türkei – gegebenenfalls in Absprache mit dem UNHCR – Maßnahmen in den folgenden Bereichen getroffen werden:

i) Prüfung der Frage, wie die Türkei bei der Verbesserung der Unterbringungsbedingungen für illegale Zuwanderer bis zu ihrer Rückführung unterstützt werden kann;

ii) Erfahrungsaustausch betreffend Rückführungen nach Bangladesch und Pakistan, gegebenenfalls unter Rücksprache mit der Internationalen Organisation für Migration;

iii) Erfahrungsaustausch über die Abfassung von Rechtsvorschriften über die illegale Zuwanderung;

iv) Prüfling der Möglichkeiten für den Austausch von Kenntnissen in bezug auf die Erkennung gefälschter Dokumente, einschließlich einer eventuellen technischen Unterstützung und finanzieller Unterstützung durch die Gemeinschaft;

v) Gewährleistung von Rückmeldungen an die Türkei bei Vorliegen operativer Informationen im Bereich der illegalen Zuwanderung, insbesondere in Fällen, in denen Schleuser beteiligt sind;

vi) Suche nach geeigneten Verfahren für die Überprüfung von Asylbewerbern im Benehmen mit dem UNHCR und Prüfung der Möglichkeiten für eine Unterstützung zu diesem Zweck, insbesondere in Form einer Schulung türkischer Grenzschutzbeamter in der Überprüfung von Asylbewerbern.

(32) Der K.4-Ausschuß einigte sich darauf, daß bei den vorgenannten Maßnahmen die folgenden Mitgliedstaaten jeweils die »Federführung« übernehmen sollten: Italien für Ziffer i), das Vereinigte

Königreich für Ziffer ii), Belgien für Ziffer iii), Deutschland für Ziffer iv), die Niederlande für Ziffer v) und Österreich für Ziffer vi). Am 10. Dezember 1998 wurden diese sechs Einzelpunkte zwischen dem Vorsitzenden des K.4-Ausschusses, der von Vertretern der Kommission und des Ratssekretariats begleitet wurde, und den türkischen Behörden in Ankara erörtert. Als Ergebnis bleibt festzuhalten, daß bislang keine substantiellen Fortschritte erzielt wurden.

(33) Dementsprechend stellte das Ratssekretariat in einem Überblick vom 12. März 1999 über die Umsetzung des Aktionsplans der EU für Irak fest, daß diesem wichtigen Teil des Aktionsplans weitere Impulse verliehen werden sollten. Was Ziffer vi) anbelangt, so ist geplant, Seminare für türkische Beamte abzuhalten, um die Verfahren für eine angemessene Überprüfung von Asylbewerbern zu verbessern. Die Schulung wird federführend von Österreich durchgeführt und von Deutschland unterstützt. Der UNHCR wird bei diesem aus dem Odysseus-Programm der EU finanzierten Vorhaben ebenfalls Unterstützung leisten. In einer Sitzung türkischer, österreichischer und deutscher Vertreter am 4. Mai 1999 in Ankara wurde vereinbart, daß im Sommer und im Herbst 1999 fünf Seminare für jeweils 20 Teilnehmer abgehalten werden. Zielgruppe dieser Seminare sind türkische Polizeibeamte, die mit der Erstanhörung von Asylbewerbern betraut sind. Außerdem gab Österreich 10 türkischen Beamten in einem einwöchigen Seminar in Wien einen Überblick über die österreichische Asylregelung.

(34) Das Europäische Parlament nahm in seiner Entschließung vom 23. März 1999 zu dem Aktionsplan der EU betreffend den Zustrom von Zuwanderern aus Irak und den Nachbargebieten Stellung. Der deutsche Vorsitz unterrichtete den Präsidenten des Europäischen Parlaments am 3. März 1999 und am 30. Juni 1999 ausführlich über das Mandat der hochrangigen Gruppe »Asyl und Migration« und die ihr übertragene Aufgabe, den Aktionsplan Irak an den säulenübergreifenden Ansatz anzupassen.

2. Andere Maßnahmen und Aktionen der Gemeinschaft/Union

Politische Ebene

(35) Das Verhältnis der Europäischen Union und ihrer Mitgliedstaaten zu Irak wird bestimmt durch die Haltung Iraks zu den verschiedenen vom VN-Sicherheitsrat seit der Golfkrise 1990 angenommenen

Resolutionen. In dieser Hinsicht haben das Europäische Parlament und der Rat der Europäischen Union im Laufe der Jahre eine Reihe von Entschließungen und Erklärungen verabschiedet, in denen sie eine friedliche Lösung des Konflikts und die Ächtung der Menschenrechte und rechtsstaatlicher Grundsätze fordern. Zuletzt geschah dies in den Schlußfolgerungen des Rates vom 25. Januar 1999 und den Entschließungen B4-0044, 0059 und 0079 des Europäischen Parlaments vom 14. Januar 1999.

(36) Die EG unterhält keine auf einen Vertrag gestützten Beziehungen zu Irak.

Es gibt keine offiziellen Kontakte und keinen offiziellen Dialog zwischen der EG und der irakischen Regierung. Die Kommission besitzt weder eine Außenstelle in Bagdad, noch ist eine andere Außenstelle der Kommission in der Region förmlich für Irak zuständig. Allerdings ist eine von einem Geschäftsträger geleitete irakische diplomatische Mission bei der EG akkreditiert.

(37) Seit dem Ausbruch des Golfkriegs 1990-1991 hat die EU die Arbeiten im UN-Sicherheitsrat an einer Lösung für die Situation in Irak unterstützt. Die EU wendet die vom UN-Sicherheitsrat gegen Irak verhängten Sanktionen an und hebt hervor, daß die uneingeschränkte Einhaltung der einschlägigen Resolutionen durch Irak Voraussetzung für eine Überprüfung der derzeitigen Sachlage ist.

Wirtschaft und Entwicklungszusammenarbeit

(38) Aufgrund der von den VN seit 1990 durchgesetzten Sanktionen gegen Irak muß die Zusammenarbeit im wirtschaftlichen Bereich in diesem Rahmen erfolgen und beschränkt sich auf die Einfuhr von Erdöl und die Ausfuhr humanitärer Güter nach Irak als Teil des Programms »Lebensmittel für Erdöl«.

Humanitäre Hilfe

(39) Seit dem Ende des Golfkriegs im Jahr 1991 ist die EG mit 244 Millionen Euro wichtigster Geber im Bereich humanitärer Hilfe für Irak. Nach dem Besuch des Kommissionsmitglieds Frau Bonino im Irak im August 1997 bestätigte sich, daß humanitäre Hilfe in den von der irakischen Regierung kontrollierten Gebieten im Zentrum und im Süden stärker benötigt wird als in den von den Kurden kontrollierten Gebieten im Norden des Landes. Es bestand die Erwartung, daß mit

der vollen Umsetzung des Programms »Lebensmittel für Erdöl« die humanitäre Hilfe in Zukunft ohne Rückgriff auf Hilfe von außen geleistet werden könnte. Die Umsetzung des Programms lief jedoch nur langsam an und traf infolge mangelnder Einnahmen aufgrund der niedrigen Erdölpreise und der unzureichenden Wiederherstellung der irakischen Erdölförderungsanlagen auf Hindernisse.

(40) Im humanitären Bereich hat die Gemeinschaft im Irak eine gewisse Bedeutung erlangt. ECHO beschloß 1997 die Eröffnung eines Büros in Bagdad. Allerdings ist es aufgrund der Beschränkungen, die die irakischen Behörden der kleinen Gruppe europäischer NRO auferlegt haben, damit diese im Süd- und im Zentralirak arbeiten dürfen, äußerst schwierig, der Gemeinschaft in diesem Bereich ein noch stärkeres Profil zu verleihen.

(41) Das derzeitige Kriterium von ECHO für die Festlegung von Prioritäten besteht darin, in Ergänzung des Programms »Lebensmittel für Erdöl« Maßnahmen zugunsten der Schwächsten durchzuführen und sich dabei auf örtliche Bereiche zu konzentrieren, in denen ECHO nützlich und kosteneffektiv bleibt. So werden als Ausgleich für die mangelnde finanzielle Unterstützung im Zentral- und im Südirak weiterhin Maßnahmen insbesondere im Bereich Wasser und Hygiene durchgeführt.

(42) Am 16. Februar 1998 billigte die Kommission die Zuweisung von weiteren 10 Millionen Euro für den Zeitraum Januar-Oktober 1998. Die Mittel dienten vor allem der Unterstützung unterernährter Kinder, der Hilfe für die Opfer von Landminen, der Erneuerung der Wasserversorgung und des Wiederaufbaus von Krankenhäusern sowie der Wiederherstellung von Wasserleitungen und Kanalisationsanlagen. Auch Kinder in Sondereinrichtungen für Behinderte und Waisen wurden unterstützt. Zur Stärkung seiner Kapazität stellte ECHO einen lokalen Korrespondenten für Bagdad ein, der die ECHO-Projekte koordinieren und die örtlichen Entwicklungen bei der humanitären Lage in Irak überwachen soll. Der Korrespondent nahm seine Tätigkeit in Bagdad Ende April 1998 auf. Das ECHO-Büro im Nordirak wurde dagegen geschlossen.

(43) Am 6. Juni 1998 kündigte der irakische Ministerrat an, daß humanitäre Hilfe aus dem Ausland nicht länger akzeptiert würde. Dies galt nicht für das Programm »Lebensmittel für Erdöl«. Ein Beschluß des Präsidialamtes gestattete nur sieben NRO eine Betätigung in Irak:

IFRC, Nahostrat der Kirchen, Care, Enfants du Monde, Premiere Urgence, Ponte per Baghdad und Voice in the Wilderness. Dieser Beschluß sorgte für erhebliche Verzögerungen bei der Umsetzung und hatte zum Ergebnis, daß die Laufzeit vieler Verträge aufgrund dieses Beschlusses bis Ende 1998/Anfang 1999 verlängert wurde. Außerdem wurde dem ECHO-Korrespondenten von Juli 1998 bis zu Beginn dieses Jahres die Einreise nach Irak verweigert; er wurde nach Jordanien abgezogen. Unterdessen hat er ein Visum erhalten und unlängst eine Mission zur Koordinierung der ECHO-Projekte und zur Überwachung der örtlichen Entwicklungen bei der humanitären Lage in Irak durchgeführt.

(44) ECHO beschloß die Zuweisung von 4 Millionen Euro, mit denen die Tätigkeiten bis Juni 1999 abgedeckt werden (dies fällt zusammen mit dem Ende der laufenden Phase des Programms »Lebensmittel für Erdöl«) und die weiterhin schwerpunktmäßig für folgendes eingesetzt werden sollen: Unterstützung für die Erneuerung der Wasserversorgung, den Wiederaufbau von Krankenhäusern, Hilfe für Kinder in Sondereinrichtungen für Behinderte, Waisen und Straßenkinder sowie Unterstützung für Binnenflüchtlinge sowohl im Norden als auch im Zentrum und Süden.

(45) Der neueste Beschluß von ECHO zur Zuweisung von 2 Millionen Euro dient der weiteren Unterstützung der laufenden Maßnahmen vor Ort, im medizinischen Bereich und in den Bereichen Kanalisationsanlagen, Hilfe für Einrichtungen, die sich um behinderte sowie Straßenkinder kümmern, und Hilfe für Binnenflüchtlinge im Süden.

(46) Was die Binnenflüchtlinge anbelangt, so hält der Zustrom von Rückkehrern aus Iran und Vertriebenen aus dem Gouvernement Kirkuk an. ECHO unterstützt weiterhin die laufenden integrierten Maßnahmen im Norden, die auf die Förderung der Selbstversorgung ausgerichtet sind. Hierbei geht es nicht nur um Unterbringungs- und Soforthilfe, sondern auch darum, einen Beitrag zur Einrichtung eines Projekts, das Einkommensquellen für weibliche Binnenflüchtlinge schafft, zu leisten sowie um spezielle Hilfe für Kinder von Binnenflüchtlingen (Schulunterricht, Gesundheits- und soziale Bedingungen), ein grundlegendes allgemeines Gesundheitsprogramm für Binnenflüchtlinge und vertrauensbildende Maßnahmen.

III. Maßnahmen und Aktionen des UNHCR, der IOM, des IKRK sowie anderer staatlicher und nichtstaatlicher Organisationen

(47) Die Maßnahmen des UNHCR in den an Irak angrenzenden Asylländern (d.h. Türkei, Iran, Jordanien, Syrien, Libanon) zielen darauf ab, Verfahren zur Zuerkennung des Flüchtlingsstatus durchzuführen, bedürftigen Flüchtlingen angemessenen Schutz und angemessene Hilfe zu gewähren und nach dauerhaften Lösungen durch Eingliederung vor Ort oder Umsiedlungen Länder außerhalb der Region zu suchen. Den Aufnahmeländern fehlt es in großem Umfang an den nötigen Aufnahme- und Schutzkapazitäten; sie betrachten die Unterstützung der Flüchtlinge durch den UNHCR als Grundvoraussetzung dafür, daß diese vorübergehend in ihrem Hoheitsgebiet verbleiben dürfen, bis eine endgültige Lösung für sie gefunden worden ist. Die Hilfe des UNHCR beschränkt sich allerdings auf die bedürftigsten Flüchtlinge und Asylbewerber, die unter prekären Bedingungen leben.

(48) Die Anstrengungen des UNHCR zum Aufbau von Kapazitäten in den Nachbarländern umfassen auch die Förderung des Beitritts zu dem Abkommen von 1951, die Einführung von Asylverfahren, die Einrichtung von Stellen, die für die Vergabe von Hilfsgeldern zuständig sind, sowie die Verbesserung der Aufnahme- und Eingliederungsbedingungen, die Förderung des Erlasses von Rechtsvorschriften betreffend Flüchtlinge, die verstärkte Zusammenarbeit mit den NRO in der Region, die Schulung von Personal und die Abwicklung fairer und effizienter Umsiedlungsverfahren. Der UNHCR aktualisiert in Anbetracht der veränderlichen Sicherheitslage regelmäßig seine Einsatzplanung und seine Vorbereitung auf Notfallsituationen. Darüber hinaus führt der UNHCR eine intensive, regionale Kampagne zur Sensibilisierung der Öffentlichkeit für die Lage der Flüchtlinge und Vertriebenen sowie in bezug auf das Mandat und die Tätigkeiten des UNHCR durch.

D. BEURTEILUNG DER DERZEITIGEN SACHLAGE

(49) Die große Mehrheit der Iraker sieht für sich überhaupt keine Zukunft. Eine grundlegende Verbesserung der Lage der irakischen Zivilbevölkerung, einschließlich der Kurden, ist nicht in Sicht. Die ehemals breite Mittelschicht des Landes ist verarmt und von Resignation ergriffen. Unter den gegebenen Umständen scheint das Verlassen des Landes den einzigen Ausweg darzustellen.

(50) Die von der Zentralregierung in Bagdad ausgeübte Repression hat die Abwanderung aus den unter ihrer Kontrolle stehenden Gebieten eingeschränkt. Durch eine Reihe restriktiver Maßnahmen (z.B. Ausreiseabgaben, Paßbeschränkungen, Ausreiseverbote) versucht das Regime, den Exodus insbesondere der für die Wirtschaft lebenswichtigen Gruppen und Eliten aufzuhalten. Leichter ist die Abwanderung aus den autonomen Gebieten der Kurden. Ein erheblicher Anteil der das Kurdengebiet verlassenden Personen strebt nach Europa, wobei viele von ihnen die Türkei als Transitland benutzen.

(51) Es bestehen politische Kontakte zwischen einigen Mitgliedstaaten und der irakischen Regierung. Ebenso bestehen Kontakte zu der kurdischen Verwaltung im Nordirak.

(52) Auf seiner Tagung vom 25. Januar 1999 hat es der Rat »Allgemeine Angelegenheiten« begrüßt, daß die Lage in Irak im Sicherheitsrat auf der Grundlage der Initiativen von Mitgliedern des UN-Sicherheitsrats zur Erreichung einer Einigung über das weitere Vorgehen in bezug auf Irak erörtert worden ist. Dauerhafte Sicherheit und Stabilität in der Region sowie die Lebensbedingungen der irakischen Bevölkerung seien die vorrangigen Erwägungen, die das Handeln des Rates leiten müßten. Der Rat »Allgemeine Angelegenheiten« erörterte die Möglichkeit einer EU-Initiative zur Verstärkung der Rolle der EU bei den Bemühungen zur Verbesserung der humanitären Lage in Irak. Der Rat sehe der künftigen Wiedereingliederung des Irak in die Völkergemeinschaft und besseren und würdigeren Lebensbedingungen für die irakische Zivilbevölkerung erwartungsvoll entgegen. Der Rat bekräftigte, daß der Irak seinen Verpflichtungen aus den jeweiligen Resolutionen des VN-Sicherheitsrats uneingeschränkt nachkommen muß und richtete an die irakische Regierung einen Appell zu einer entsprechenden Zusammenarbeit.

E. ERFORDERLICHE MASSNAHMEN DER GEMEINSCHAFT/UNION

I. Weitere Umsetzung des Aktionsplans der EU betreffend den Zustrom von Zuwanderern aus Irak und den Nachbargebieten

(53) Die Türkei ist aufgrund ihrer geographischen Lage ein wichtiges Transitland. Der K.4-Ausschuß hat mit der Türkei einen Dialog aufge-

nommen, um den EU-Aktionsplan betreffend Irak vom 26. Januar 1998 umzusetzen.

a) Der Strategische Ausschuß für Einwanderungs-, Grenz- und Asylfragen sollte den Dialog mit der Türkei fortsetzen und so der Umsetzung der in Dokument 6938/2/98 ASIM 78 REV 2 unter den Ziffern i bis vi beschriebenen Maßnahmen des Aktionsplans neue Impulse verleihen.

Zieldatum: erstes Halbjahr 2000

Zuständig: Rat

Finanzielle Auswirkungen: keine

b) Entwicklung einer gemeinsamen Strategie zur Bewältigung des Problems der Asylbewerber aus Irak nach Artikel 1 Abschnitt F des Genfer Abkommens von 1951. In diesem Rahmen sollten unter den EU-Mitgliedstaaten Informationen ausgetauscht werden.

Zieldatum: Mitte 2000

Zuständig: Rat

Finanzielle Auswirkungen: keine

II. Vorschläge des UNHCR

(54) Der UNHCR hat vorgeschlagen, die Aufnahme von Asylbewerbern in der Türkei und den anderen Nachbarländern von Irak zu verbessern (»UNHCR Summary of measures proposed to address the problem of Iraqi refugees in the Iraqi neighbouring countries«, Brüssel, 17. Juni 1999). Diese Vorschläge sollten geprüft und angemessen unterstützt werden.

Zieldatum: Anfang 2000

Zuständig: Rat/Kommission

Finanzielle Auswirkungen: ja

Mögliche gemeinschaftliche Haushaltslinie: keine

Mitgliedstaaten:

Bedarf an Sachverständigen der Mitgliedstaaten: ja

III. Ergänzende Maßnahmen und Aktionen

(55) Der Rat zog am 25. Januar 1999 die Schlußfolgerung, daß dauerhafte Sicherheit und Stabilität in der Region sowie die Lebensbedingungen der irakischen Bevölkerung die vorrangigen Erwägungen seien, die das Handeln des Rates leiten müssen. Der Rat bekräftigte ferner, daß der Irak seinen Verpflichtungen aus den jeweiligen Resolu-

tionen des VN-Sicherheitsrats uneingeschränkt nachkommen muß und richtete an die irakische Regierung einen Appell zu einer entsprechenden Zusammenarbeit.

(56) Seit der Annahme der Schlußfolgerungen des Rates hat sich die Lage in Irak und in den benachbarten Gebieten nicht geändert. Da es nicht wünschenswert ist, den Beschlüssen des VN-Sicherheitsrats vorzugreifen, müssen die Maßnahmen der Union im Einklang mit den einschlägigen Resolutionen des VN-Sicherheitsrats erfolgen. Dadurch schrumpft der Handlungsspielraum, insbesondere in bezug auf das vom Regime Saddams kontrollierte Gebiet.

(57) Die in Kapitel E I und II bereits erwähnten Empfehlungen werden durch die folgenden neuen Empfehlungen ergänzt:

Irak insgesamt

a) Außenpolitik

1. Fortsetzung der Erörterung der Lage in Irak und der Möglichkeit von Initiativen der EU
   Zieldatum: kontinuierliche Tätigkeit, zuständig: Rat, finanzielle Auswirkungen: keine
2. Förderung von Kontakten zu den irakischen Eliten im wissenschaftlichen und im kulturellen Bereich und der Zusammenarbeit zwischen Universitäten
   Zieldatum: abhängig von den Entwicklungen im Land, zuständig: Rat, finanzielle Auswirkungen: keine

b) Entwicklung/Humanitäre Hilfe

1. Fortführung des ECHO-Programms
   Zieldatum: kontinuierliche Tätigkeit, zuständig: Kommission, finanzielle Auswirkungen:
   Mögliche gemeinschaftliche Haushaltslinie: ja
   Hilfe und Nahrungsmittelsoforthilfe für die von Katastrophen oder schweren Krisen heimgesuchte Bevölkerung in Entwicklungsländern und anderen Drittländern
   Mitgliedstaaten:
2. Prüfung von weiteren Möglichkeiten zur Leistung humanitärer Hilfe
   Zieldatum: Anfang 2000, zuständig: Kommission, finanzielle Auswirkungen: keine

c) Migration

1. Aktualisierung der vorliegenden Informationen über Wanderungsbewegungen aus Irak
   Zieldatum: Anfang 2000, zuständig: Kommission, finanzielle Auswirkungen: ja
   Mögliche gemeinschaftliche Haushaltslinie: EUROSTAT

2. Erstellung eines Berichts über die Rolle der Nachbarländer als Transitländer für Asylbewerber/Migranten
Zieldatum: Mitte 2000, zuständig: Rat, finanzielle Auswirkungen: keine

Nordirak

a) Außenpolitik

1. Stimulierung des demokratischen Prozesses
Zieldatum: kontinuierliche Tätigkeit, zuständig: Rat, finanzielle Auswirkungen: ja/nein, mögliche gemeinschaftliche Haushaltslinie: keine
Mitgliedstaaten:
Bedarf an Sachverständigen der Mitgliedstaaten: ja/nein
2. Ermunterung der KDP/PUK zur Fortsetzung der Aussöhnung und Unterstützung für die Umsetzung der Resolution 688 des VN-Sicherheitsrats
Zieldatum: kontinuierliche Tätigkeit, zuständig: Rat, finanzielle Auswirkungen: keine
3. Dialog mit der Türkei
Zieldatum: kontinuierliche Tätigkeit, zuständig: Rat, finanzielle Auswirkungen: keine

b) Entwicklung/Humanitäre Hilfe

1. Umsetzung der Programme in den Bereichen Wirtschaft und Infrastruktur sowie Entwicklung der Beschäftigung
Zieldatum: abhängig von den Entwicklungen im Land, zuständig: Rat/Kommission, finanzielle Auswirkungen: ja, mögliche gemeinschaftliche Haushaltslinie: keine
Mitgliedstaaten:

c) Migration

1. Legaler Zugang von NRO
Zieldatum: Mitte 2000, zuständig: Rat, finanzielle Auswirkungen: keine, Bedarf an Sachverständigen der Mitgliedstaaten: ja
2. Aushandlung eines Transitabkommens mit der Türkei, das es den EU-Mitgliedstaaten gestatten würde, abgelehnte irakische Asylbewerber auf freiwilliger Basis sowie zwangsweise in den Nordirak zurückzuführen.
Zieldatum: kontinuierliche Tätigkeit, zuständig: Rat/Mitgliedstaaten, finanzielle Auswirkungen: keine, Bedarf an Sachverständigen der Mitgliedstaaten: ja

---

* Der »Aktionsplan Irak« wurde bei dem EU-Gipfel in Tampere (Finnland) am 15./16. Oktober 1999 in der hier abgedruckten Entwurfsversion beschlossen. (Auf die in der Originalfassung vorhandenen, aber wenig aussagekräftigen Diagramme wird hier verzichtet.)

ANNEX I

IRAQ

Republic of lraq (Al Jumhuriyah al lraqiyah)
Capital: Baghdad

Location: Middle East, bordering the Persian Gulf between Iran and Kuwait
Border countries: Iran Jordan, Kuwait Saudi Arabia, Syria, Turkey
Area: 437 072 km^2

KEY FIGURES ON POPULATION
Population: 21 722 300
Age structure: 0-14 years 44%, 15-64 years 53%, 65 years and over 3%
Density: 49.7 hab./km^2
Total population increase: 32 per 1000 population
Net migration rate: -0 migrant(s) per 1000 population
Infant mortallty rate: 62.4 infant deaths per 1000 live births
Life expectancy at birth: 66.5 years
Total fertility rate: 5.2 children per woman
Ethnic groups: Arab 75-80%, Kurdish 15-20%, Turkoman, Assyrian or other 5%.
Religions: Muslim 97% (Shi'a 60-65%, Sunni 32-37%), Christian or other 3%
Languages: Arabic, Kurdish (official in Kurdish regions), Assyrian, Armenian
Literacy: 58% (male: 70.7%, female: 45%) of the population aged 15 and over can read and write (1995 est.)

OTHER KEY FIGURES
GDP: purchasing power parity $11 000 million (1997)
GDP-real growth rate: -5% (1997)
GDP-per capita: purchasing power parity $13 880 (1996)
GDP-composition by sector: NA
Inflation rate-consumer price index: 500%
Labour force: 6.2 million - services 48%, agriculture 30%, industry 22% (1989)
note: severe labour shortage; expatriate labor force was about 1 600 000 (1990); since then, it has declined substantially
Unemployment rate: NA

Trade between Iraq and the EU

Table A – Imports from Iraq into the EU: Principal goods ('000 EURO)[1]

	1995	1996	1997	1998
TOTAL	909	545	1 384 434	2 277 150
Of which:				
PETROLEUM OILS	:	:	1 382 721	2 273 006
FROZEN FISH	1	1	:	1 353
CYCLIC HYDROCARBONS	:	:	:	823
CHLORIDES	:	:	:	799
MALT EXTRACT, FOOD PREPARATIONS	:	:	:	585
CRUSTACEANS, WHETHER IN SHELL OR NOT	:	:	:	180
MOLLYBDENUM ORES AND CONCENTRATES	:	:	:	99
GOODS CARRIED BY POST	198	114	42	76
SYNTHETIC FILAMENT YARN	:	:	:	33
WOMEN'S OR GIRL'S SUITS	:	:	14	33
Other	709	430	1 357	163

(1) Goods listed in descending order of 1998 value in EUROs
Source: EUROSTAT (Comext2)

Table B – Exports to Iraq from the EU: Principal goods ('000 EURO)[1]

	1995	1996	1997	1998
TOTAL	26 407	33 292	194 172	480 874
Of which:				
CANE OR BEET SUGAR	1	226	52 988	50 510
MEDICAL AND SURGICAL INSTRUMENTS	1 432	606	5 742	46 917
MALT EXTRACT, FOOD PREPARATIONS OF FLOUR	3 778	650	9 078	45 369
WHEAT AND MESLIN	2 962	13 332	42 223	36 044
MEDICAMENTS	1 919	1 524	24 116	29 073
PUMPS FOR LIQUIDS	1 793	1 159	8 076	25 174
ELECTRONIC GENERATING SETS	:	77	507	20 451
MILK AND CREAM CONCENTRATES	495	332	908	18 243
SPECIAL PURPOSE MOTOR VEHICLES	:	:	:	17 316
INSECTICIDES, RODENTICIDES	1 074	417	3 330	11 133
Other	12 954	14 969	47 205	180 642

(1) Goods listed in descending order of 1998 value in EUROs
Source: EUROSTAT (Comext2)

Table 1 – Main demographic indicators for Iraq

	Mid-year population	Live births	Deaths	Natural increase	Net migration	Total increase	Total fertility rate(1)	Life expect. at birth	Infant mortality rate(2)	Age depend. ratio(3)
	(1 000)	(per 1 000 population)								(%)
										:
1960	6 822.0	:	:	:	:		:	:	:	:
1972	9 413.7	:	:	:	:		:	:	:	:
1982	13 232.8	:	:	:	:		:	:	:	:
1990	18 134.7	38.89	7.07	31.8	-58.8	-27.0	6.10	66.5	67.4	97.6
1995	19 713.3	38.83	6.59	32.2	0.4	32.6	5.56	66.5	62.4	94.3
1996	20 367.0	38.79	6.59	32.2	0.4	32.6	5.45	66.5	62.4	92.7
1997	21 036.8	38.7	6.58	32.1	0.0	32.1	5.34	66.5	62.4	91.1
1998	21 722.3	38.58	6.57	32.0	0.0	32.0	5.23	66.5	62.4	89.6

(1) Children per woman
(2) Infant deaths (under one year of age) per 1 000 live births
(3) Proportion of population aged 0-14 and 65 and over on the population aged 15-64
Source: U.S. Bureau of the Census, International Data Base

Figure 1 – Evolution of the population of Iraq

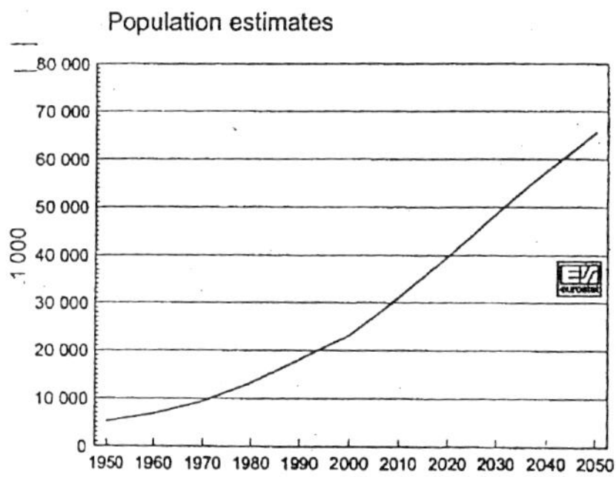

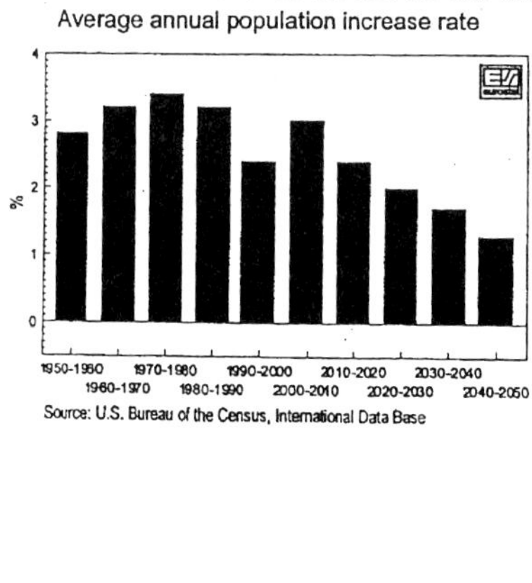

Source: U.S. Bureau of the Census, International Data Base

Table 2 - Resident population of Iraqi citizens in EU Member States
(population on 1st January of each year)[1]

	1990[2]	1994	1995	1996	1997	1998	1999	1997 or Census as % of	
								non-EU pop.	all non-nat. pop.
B	234	:	:	:	:	:	:	0.07	0.03
DK	2 785	5 280	6 041	7 077	8 066	9 419		4.27	3.39
D	:	:	10 266	16 745	21179	40 229	44 752	0.39	0.29
EL	:	2 965	3 721	3 815	3 852	:		3.32	2.39
E	296	307	317	325	321	383		0.11	0.06
F	2 212	:	:	:	:	:		0.10	0.06
IRL	:	:	:	:	:	:		:	:
I	1 594	1 152	*1 079*	1 005	956	:		0.13	0.11
L	:	:	:	:	:	:		:	:
NL	710	4 601	7 527	9 694	11 355	13 008		2.31	1.67
A	450	:	:	:	:	:		0.10	0.09
P	110	152	155	158	157	159		0.12	0.09
FIN	39	846	1 009	1 341	1 855	2 435		3.11	2.54
S	6 007	16 302	*18 800*	21 289	22 831	24 800		6.55	4.34
UK[3]	:	30 000	20 000	10 000	20 000	20 000		1.51	0.94

(1) The population is that on 1st January of each reference year. For some Member States, 31st December of the previous year is taken as the equivalent
(2) 1990/91 Census round results for some countries
(3) Labour Force Survey, Spring data, figures rounded to the nearest thousand
Data in italics are estimated
Source: EUROSTAT

Figure 2 - Resident population of Iraqi citizens in EU Member States as a percentage of the total non-EU population in 1997[1]
(main countries of residence of those Member States for which data are available)

%

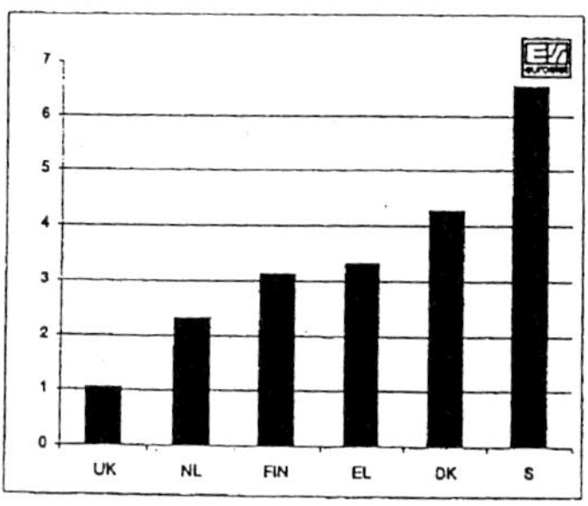

Source: EUROSTAT

Table 3 – Legal immigration of Iraqi citizens into EU Member States[1]

	1990	1994	1995	1996	1997	1997[2] as % of	
						non-EU imm.	all imm.
B	:	:	:	:	:	:	:
DK	447	753	1 043	1 117	1 350	6.81	2.69
D	:	2 026	6 683	12 988	15 082	3.26	1.79
EL	156	:	224	140	52	0.29	:
E	:	48	30	27	41	0.19	0.07
F	145	147	9	22	36	0.06	:
IRL	:	:	:	:	:	:	:
I	126	:	:	26	:	0.02	0.02
L	:	:	:	2	26	2.43	0.25
NL	387	3 088	2 517	2 333	1 685	3.93	1.53
A	:	:	:	517	524	1.63	0.75
P	:	1	:	:	4	0.29	:
FIN	72	108	281	451	530	7.89	3.91
S	2 093	3 542	3 288	2 821	3 748	14.31	8.36
UK[3]	24 300	7 000	7 900	7 950	7 650	6.12	2.68

(1) Asylum seekers are included in the figures for Portugal and partially included in the figures for all other Member States, according to national asylum procedures and recording systems
(2) 1996 for Italy
(3) Figures rounded to the nearest thousand
Source: EUROSTAT

Table 4 – Iraqi citizens repatriated from EU Member States

	1996			1997			1998		
	Repatriations[1]		Expulsions	Repatriations[1]		Expulsions	Repatriations[1]		Expulsions
	Vol.	Invol.		Vol.	Invol.		Vol.	Invol.	
B	:	:	:	:	:	:	:	:	:
DK[2]	0	5	:	1	6	:	0	6	:
D	:	:	:	:	:	:	:	:	111
EL	:	:	:	:	:	:	:	:	:
E	:	:	:	:	:	:	:	:	:
F	:	:	:	:	:	:	:	:	:
IRL	:	:	:	:	:	:	:	:	:
I	:	:	:	:	:	:	:	:	:
L	:	:	:	:	:	:	:	:	:
NL[3]	:	:	121	:	:	164	:	:	187
A	:	1	19	:	4	62	:	2	136
P	:	:	:	:	:	:	:	:	:
FIN	:	:	:	:	:	:	:	:	:
S	:	:	85	:	:	137	:	:	431
UK	:	:	5	:	:	5	:	:	10

(1) Voluntary / Involuntary. Repatriations are back to the country of citizenship. Expulsions are forced removals to other countries
(2) Including monitored departures and removals of asylum seekers and refugees
(3) Expulsions of asylum seekers
Sources: EUROSTAT, CIREFI, Ministries of the Member States

Table 5 – Iraqi citizens refused entry at the borders of EU Member States

	1996	1997	1998
B	:	:	:
DK[(1)]	129	158	:
D[(2)]	:	:	257
EL	:	:	:
E	:	:	:
F	:	:	:
IRL	:	:	:
I	:	:	:
L	:	:	:
NL[(3)]	1 255	1 263	713
A	136	95	89
P	:	:	1
FIN	14	43	45
S	143	230	606
UK	33	64	78

(1) Covers refusals of entry into Denmark by an administrative decision
Source: National Commissioner of the Danish Police
(2) Total number of refusals of entry
(3) Refusals of entry at Schipol airport
Sources: EUROSTAT, CIREFI, Ministries of the Member States

Table 6 – Asylum seekers and refugees from Iraq

Table 6a – Asylum applications

	1990	1991	1992	1993	1994	1995	1996	1997	1998
B	44	63	97	88	90	105	214	243	96
DK	503	967	932	718	515	547	692	827	1 921[P]
D	707	1 384	1 484	1 246	2 066	6 880	10 842	14 789	7 435
EL	2 114	871	1 464	335	426	627	1 037	3 808	2 166
E	250	309	410	212	192	87	99	5	28
F	110	169	245	179	202	238	276	174	269
IRL	:	4	2	:	4	11	47	49	44
I	16	89	33	28	22	136	92	121	478
L	0	:	5	0	:	:	5	3	6
NL	439	684	770	3 229	2 858	2 431	4 378	9 641	8 300
A	147	951	1 026	541	899	659	1 585	1 478	1 963
P	1	1	0	0	1	1	:	2	:
FIN	13	23	147	179	55	78	72	102	84
S	1 956	2 236	3 217	2 325	1 668	1 782	1 557	3 057	3 843
UK	985	915	700	495	550	930	965	1 075	1 295
EU-15	7 285	8 666	10 532	9 575	9 548	14 512	21 861	35 374	27 928[P]

Table 6b – Total numbers granted Geneva Convention refugee status

	1990	1991	1992	1993	1994	1995	1996	1997	1998
B	30	22	31	11	39	23	33	17	12
DK[(1)]	73	120	154	75	64	47	74	82	106[P]
D	112	224	:	485	1 011	2 320	7 082	7 436	2 809
EL	21	2	1	0	39	55	33	65	69
E	:	:	:	:	53	21	3	1	3
F	:	:	:	:	97	111	136	60	63
IRL	:	0	:	:	2	11	35	13	11
I	:	:	:	19	32	51	31	38	243
L	:	:	0	0	:	:	:	:	:
NL	49	190	719	868	1 182	1 198	2 769	2 106	641
A	47	220	735	153	91	140	183	125	77
P	2	0	:	:	:	:	:	:	:
FIN	:	0	0	0	:	1	0	0	1
S	1 169	612	293	95	48	2	7	135	231
UK	55	45	190	185	380	570	470	255	510
EU-15	:	:	:	:	3 038	4 550	10 856	10 333	4 776[P]

Table 6c – Total numbers granted humanitarian/de facto refugee status

	1990	1991	1992	1993	1994	1995	1996	1997	1998
B	:	:	:	:	:	:	:	:	:
DK[(1)]	294	270	845	422	215	415	594	808	1 405[P]
D[(2)]	:	:	:	:	:	:	65	25	7
EL	:	:	:	:	54	245	216	300	202
E	:	:	:	:	7	5	25	5	32
F	:	:	:	:	:	:	:	:	:
IRL	:	:	:	:	:	:	:	6	:
I	:	:	:	:	:	:	:	:	:
L	:	:	:	:	:	:	:	:	:
NL	16	61	296	203	940	784	606	308	249
A	:	:	:	:	:	:	:	:	:
P	:	:	:	:	:	:	:	1	:
FIN	:	:	:	:	:	15	94	50	53
S	756	2 103	3 240	2 851	2 352	1 962	1 951	1 639	2 369
UK	130	115	1210	300	220	175	135	295	500

(1) First instance decisions only
(2) Recognition under Article 53 of the 1996 Constitution
Sources: EUROSTAT, CIREA, Ministries of the Member States, IGC

Table 6d – Number of grants of refugee status as a percentage of the total number of asylum applications from Iraqi citizens

	1996		1997		1998	
	Granted refugee status a/b	%(1)	Granted refugee status a/b	%(1)	Granted refugee status a/b	%(1)
B	:	:	:	:	:	:
DK(2)	668	93.0	890	97.0	1 511 p	87.0 p
D(3)	3 669	31.6	2 034	17.0	825	8.5
EL	:	:	:	:	:	:
E	:	:	:	:	:	:
F	:	:	:	:	:	:
IRL	:	:	:	:	:	:
I	:	:	:	:	:	:
L	:	:	:	:	:	:
NL	2 769	63.0	2 106	21.0	641	7.0
A	183	11.5	125	8.5	77	3.9
P	:	:	:	:	:	:
FIN	94	:	50	:	54	:
S	:	:	:	:	:	:
UK	:	:	:	:	:	:

(1) The percentages shown in this table are indicators only. Note that grants of Geneva Convention Status for each year often do not relate to applications made within that year. Also figures on applications usually include family members, whereas grants of Geneva Convention status may include only adult applicants
Sources: EUROSTAT, CIREA, Ministries of the Member States
(2) Recognition rate includes Geneva Convention and de facto status refugees. First instance decisions only
(3) Recognition under Article 53 of the 1996 Constitution

Table 6e – Rejected asylum applications

	1990	1991	1992	1993	1994	1995	1996	1997	1998
B	:	:	:	:	:	:	:	:	:
DK(1)	19	82	157	280	174	120	48	29	221 p
D	:	:	:	:	:	:	630	2 110	5 351
EL	327	1 687	1 270	485	76	506	426	1 793	3 235
E	:	:	:	:	:	:	:	:	:
F	:	:	:	:	:	:	:	:	:
IRL	:	:	2	:	:	:	9	29	21
I	:	:	:	:	:	:	:	:	:
L	:	:	:	:	:	:	:	:	:
NL	175	83	514	579	1 489	2 196	2 345	2 432	4 855
A	60	77	129	673	704	930	1 303	1 602	483
P	:	:	:	:	:	:	:	:	:
FIN	:	:	:	:	:	:	1	1	6
S	:	229	113	435	403	278	272	309	761
UK	10	15	40	30	45	50	60	110	90

(1) First instance decisions only
Sources: CIREA, Ministries of the Member States

ANNEX II

RUNDOWN OF EXISTING MEMBER STATE MEASURES AND ACTIONS FOR IRAQ

1. Politics

Austria

Austrian Embassy in Baghdad (temporarily closed, Embassy of Iraq in Vienna).

Denmark

Denmark has no embassy in Baghdad and Iraq no embassy in Copenhagen. Diplomatic relations remain in force.

Finland

The UN-resolutions form a basis for the relations of Finland and Iraq. Finland has diplomatic relations with Iraq. The Finnish Embassy in Baghdad has been closed since Iraq-Iran war. Iraq has an Embassy in Helsinki, headed by a Charge-d'affaires.

France

Diplomatic relations between France and Iraq were broken off in 1991 at Baghdad's initiative. In 1995 France decided to open a section of interests in Iraq, under the Romanian flag. Iraq has a centre of interests in France, under the Moroccan flag. Since 1996 France has resumed a political dialogue with Iraq mainly at the level of Vice Prime Minister Tariq Ali who has visited Paris on four occasions. Contacts also exist between technical Ministries. The Iraqi Health, Higher Education and Trade Ministers all visited France in 1997 and 1998.

Germany

Political relations between Germany and Iraq have been at a very low-level since the Gulf War. Diplomatic relations still exist but the German Embassy in Baghdad has not been occupied since the staff was evacuated on security grounds in January 1991. Iraq has an Embassy in Bonn which formally continues to have an ambassador accreditation and is headed by a charge-d'affaires. Since March 1996 Germany has had an Iraqi observer at its Embassy in Amman who travels to Iraq at regular intervals and has contacts in the Iraqi Foreign

Ministry at head of division level. Establishing contacts with Iraqi decision-makers is not part of his remit. Former Federal Foreign Minister Kinkel met the Iraqi Foreign Minister Al Sahaf in 1995 and 1998, on both occasions during the UN General Assembly. Since the Gulf War there have been no delegation visits to Iraq involving the Federal Foreign Office. Germany has contacts at working level with the representatives of the Kurdish parties KDP/PUK in Germany.

Italy

Diplomatic relations between Italy and Iraq are at a low level: in January 1997, Italy opened an »Interests Section« in Bagdad at the Hungarian Embassy to assist Italian nationals and to protect Italy's interests. Italy is trying to maintain an open window for dialogue with Baghdad. To this end in 1999 two official Italian visits to Iraq took place, headed respectively by the President of the Foreign Commission of Italian Chamber of Deputies and by local officials of the Lombardy Region.

Netherlands

Diplomatic relations between the Netherlands and Iraq have been at a low-level since the Gulf War. Diplomatic relations still exist. The Dutch Embassy in Baghdad has not been staffed since withdrawal of the staff in January 1991. Iraq has an embassy in The Hague which is headed by a charge-d'affaires. Dutch Embassy staff in Amman have regular contact with the Iraqi Foreign Ministry at working level.

Sweden

Sweden has diplomatic relations with Iraq. The Swedish embassy in Baghdad is, however, unattended since the Gulf War 1990-91. Iraq has a charge-d'affaires in Stockholm.

No high level contacts exist at present.

United Kingdom

There are no diplomatic relations between the United Kingdom and Iraq. There is a small Iraqi Interests Section at the Jordanian Embassy in London but the British Embassy in Baghdad has been closed since the Gulf War. Two locally-engaged staff keep up the estate, supervised from the United Kingdom Embassy in Amman, and the Russian Embassy looks after British interests. The only contacts with the Iraqi authorities take place at official level between the FCO and the Iraqi interests Section and between the two Missions in New York.

The United Kingdom has regular contacts with the leaders and officials of KDP and PUK at Ministerial and official level, in London and Ankara.

2. Economics

Austria

Austrian exports 1998: Euro 8,6 million

Austrian imports 1998: Euro 123,5 million.

Exports and imports are carried out on the basis of UN-Resolution 985-»Oil for food«. Air Transport Agreement between the Austrian Federal Government and the Government of the Republic of Iraq; Agreement between the Austrian Federal Government and the Government of the Republic of Iraq on Economic and Technical Cooperation, signed 20 January 1973, entry into force 19 January 1974, including protocols, not published.

Denmark

Under the »oil-for-food« programme, Denmark exported food and medicine for humanitarian needs in Iraq through the UN sanctions committee for an estimated amount of approximately 3 million Euro in 1998. No other economic relations exist at present.

Finland

There is some export by Finnish companies to Iraq within the »oil for food« arrangement channelled through the United Nations Sanctions Committee.

France

French companies maintain trade relations with Iraq in the framework set up by the United Nations Security Council resolutions, and in particular by resolution 986 (food for oil). The agro-food and pharmaceutical sectors are the ones mainly involved in such trade relations.

Germany

Economic relations with Iraq are minimal as a result of the UN embargo. German exports to Iraq, which in 1990 still had a volume of approximately 615 million Euro, totalled a mere 4 million Euro in 1996 (mainly relief supplies in line with UN sanctions).

Netherlands

Economic relations with Iraq are minimal as a result of the UN embargo. In 1997 the Netherlands exported food, livestock, chemicals, etc. to Iraq for a total of Euro 11 100 000. Import (oil) totalled more than Euro 136 000 000.

Sweden

Sweden has no bilateral economic contacts with Iraq due to the existing UN sanctions regime. There is some export by Swedish companies to Iraq within the »oil for food«-arrangement but this is channelled through the UN sanctions committee.

United Kingdom

Economic relations with Iraq are minimal. For example, under phase 5 of the »oil for food« programme, only 4 of the 90 contracts approved by the Sanctions Committee involved United Kingdom companies.

3. Development cooperation

Austria

None.

Bilateral treaties: 20.

Denmark

Denmark has no development cooperation with Iraq.

Finland

There is no development cooperation between Finland and Iraq.

France

France reopened its cultural centre in Baghdad in 1997. The centre offers French language classes and regularly organises cultural events for the Baghdad public. Linguistic cooperation has progressively been resumed over the last two years. Archeological and university cooperation should resume during the coming years.

Germany

There is no development cooperation with Iraq.

Netherlands

Development co-operation: in 1998 the Netherlands donated 7 million Euro for projects (via UN, ICRC, IFRC, NGOs) in Iraq.

Sweden

There is no development cooperation between Sweden and Iraq.

United Kingdom

The United Kingdom has an 8,4 million Euro emergency aid programme for Iraq. In the north, the programme focuses on village rehabilitation, demining and support for vulnerable people (including the elderly, the disabled, children and widow-headed households). In the centre and south, the United Kingdom sanitation infrastructure. These projects are all funded through NGOs and other organisations such as CARE International, Save the Children, Help Age International, Durham University, Premiere Urgence, Mines Advisory Group, Kurdish Life Aid and Kurdish Children's Fund.

4. Humanitarian Aid

Denmark

Danish humanitarian assistance is channelled either through international humanitarian organisations, or through Danish NGOs but, never on a government-to-government basis. Danish humanitarian contributions amounted to 1,7 million Euro in 1998, 3,4 million Euro in 1997 and 3,8 million Euro in 1996. So far, financial support amounts to 135 000 Euro in 1999. In total, Denmark has since 1991 contributed with approximately 33 million Euro in humanitarian assistance to Iraq.

Finland

Iraq does not receive humanitarian assistance from Finland.

France

Since 1991 France has granted humanitarian aid to Iraq amounting to Euro 70 million in the form of direct or indirect (ECHO) subsidies to NGOs, bilateral cooperation programmes and support for the humanitarian projects of international agencies. Since 1996 France has implemented a bilateral aid and cooperation programme in the medical field in the form of direct assistance from the Humanitarian Action Service of the Ministry of Foreign Affairs to four pediatric hospitals (2 in Baghdad, one in Mossoul and one in Basrah). Under this assistance four training seminars organised by French doctors for the benefit of Iraqi doctors were held and regular supplies of medicines and small medical equipment were delivered training missions undertaken in parallel in the field of child heart surgery and emergency medical care, financed by the government (NGO »Chaine d'Espoir« missions in 1997-98; Medecins du Monde mission in 1998), the reception in France of twelve Iraqi doctors and students per year, in the framework of short and long-term training periods (since 1997).

In 1999 France has provided for assistance to Iraq amounting to

Euro 3,81 million and distributed as follows: 10 000 tons of wheat (Euro 2,28 million), Bilateral medical and technical cooperation programmes (Euro 0,76 million), Assistance to NGOs, especially Premiere Urgence and Enfants du Monde (Euro 0,76 million).

Sweden

Since 1991 Sweden has in total given 50 million Euro in bilateral emergency aid to Iraq.

During 1998 Sweden approved financial support amounting to 7,8 million Euro to the following NGO-activities in Iraq:

Baghdad-controlled areas and Northern Iraq:

- ECRC (337 000 Euro)
- IFRC (787 000 Euro)

Northern Iraq:

- Qandil: The: Swedish Committee for the Kurds' Human Rights Organisation in Northern

Iraq (2,6 million Euro)

- MAG, Mines Advisory Group (2,9 million Euro)
- Swedish Committee for the Assyrians (40 112 Euro)

Baghdad-controlled Iraq:

UNICEF (1,1 million Euro).

This year, Sweden has approved applications for humanitarian aid programmes in Iraq amounting to

5,2 million Euro. This is divided between Qandil, MAG, and UNICEF. An application by the ICRC is under review.

5. Justice and home affairs measures

Denmark

Iraqis must have visas in order to enter Denmark. Transit visa/ Airport transit visa is required as well. Danish legislation permits DNA-tests and medical determination of age in connection with family reunion cases. Denmark has no readmission-agreement with Iraq.

Finland

The numbers of asylum seekers from Iraq have been gradually declining in the last years.

Applicants are mainly Kurds from Northern Iraq, whose majority receive A-status. Finland does not expel anybody to Iraq.

Sweden

Nationals from Iraq constitute the largest group of migrants coming to Sweden. Most of them file an application for asylum after they have entered the country and thus not at the border. Many of these people have probably entered with falsified passports or with the help of smugglers. Sweden gives priority to the Iraqi issue and stresses the importance of a joint strategy for the EU Member States as initiated in the Action Plan of January 1998. Measures need to be taken in the regions that generate the migration flows as well as in the countries of destination. The Swedish authorities do not expel anyone to Iraq, nor have they entered into any return agreements with the Iraqi authorities.

ANNEX III

CONTRIBUTION FROM UNHCR
UNITED NATIONS High Commissioner for Refugees

MEASURES TO ADDRESS THE PROBLEM OF IRAQI REFUGEES IN THE NEIGHBOURING COUNTRIES

A PAPER FOR THE EUROPEAN UNION HIGH LEVEL WORKING GROUP ON ASYLUM AND MIGRATION JUNE 1999

1. The protection situation of Iraqi refugees in the countries neighbouring Iraq is fraught with a number of problems. Most of these countries have yet to accede to the 1951 Convention and the 1967 Protocol relating to the Status of Refugees; none of them – with the exception of Turkey – has adopted legal or administrative measures for receiving and processing asylum applications. Not enjoying any legal status in these countries, refugees find themselves in an extremely precarious situation. With no prospects for voluntary repatriation or local integration, resettlement in third countries has remained an indispensable protection tool to ensure *non-refoulement.*

The broader context

2. The precarious protection situation of the Iraqi refugees in the region needs to be seen in the context of three principal concerns.

· First, many countries in the region, particularly Jordan, Lebanon and Syria, have been shouldering a considerable burden due to the still unresolved Palestinian refugee problem. Iran has been hosting large numbers of Afghan refugees since 1979 with very little international assistance. These countries feel that the international community has not taken sufficient measures to help address the root causes of flight of the millions of refugees concerned, or to share the burden of providing adequate assistance.

· Second, the needed improvement of refugee protection in the region is to some extent dependent on finding solutions to ongoing conflict situations.

Third, protection of refugees in the region may only improve if there is improvement in the overall human rights situation in the concerned countries.

Improving assistance pending solution

3. Employment possibilities for refugees in countries in the region are severely limited. Therefore these countries consider UNHCR's financial assistance to refugees as a basic requirement for allowing refugees to remain temporarily on their territory pending a durable solution. UNHCR's assistance, however, is limited to minimal financial support to needy refugees and asylum-seekers whose situation is very precarious in countries of temporary asylum. Therefore, an increase in material assistance levels for asylum-seekers and refugees would greatly improve their well-being and, at the same time, would help reduce irregular movements from the region to Europe and elsewhere.

Promoting refugee law

4. Only Egypt, Iran and Yemen are parties to the 1951 Convention and the 1967 Protocol. Egypt has signed the 1994 Arab Convention on Refugees. None of the countries in the Middle East and the Gulf region has adopted domestic legislation relating to refugees. There must be concerted efforts to promote accession to international refugee instruments, as well as the adoption of national legislation and administrative measures for the treatment of asylum-seekers and refugees.

Adequate funding support to UNHCR activities

5. UNHCR's activities in the region focus principally on refugee status determination, the pursuit of durable solutions (especially resettlement) and capacity-building. These activities require UNHCR to have adequate human and financial resources to enable it to carry out its mandate. Failing this, many asylum-seekers will continue to only transit countries in the region.

The situation in Turkey

6. Turkey is party to the 1951 Convention, with a geographical reservation of its obligations to refugees originating from European countries. Nevertheless, Turkey has a national asylum legislation (the 1994 Asylum Regulation) which allows non-European refugees to

remain temporarily on its territory, pending UNHCR resettlement in another country.

7. Due to certain aspects of the Asylum Regulation which do not fully conform to international standards, especially with regard to access to the national asylum procedure, UNHCR has maintained its own status determination. UNHCR also intervenes with the authorities whenever it is aware that asylum seekers and refugees face protection problems. Recent training programmes organised by UNHCR have contributed to the dissemination and knowledge of principles of refugee law among officials dealing with refugee and asylum seekers, including civil servants, border police, judges and lawyers.

8. However, Turkey cannot be considered a country of (prior) asylum for non-European asylum seekers, including Iraqis, who have transited through the country without registering in the government asylum procedure. These people are considered by the Turkish authorities as migrants due to their decision not to register and are deported to their country of origin.

9. Improvement of the reception of asylum seekers in Turkey is therefore urgently required, but this should not be understood as the possibility to establish reception centres. UNHCR has indicated a number of priority areas where attention and resources should be devoted in order to strengthen the protection system in Turkey. These areas include:

I. dissemination of refugee law and training of key counterparts in refugee status-determination; target groups include MOI officials & police, border-forces (Gendarmerie), judges and Bar Association;

II. other forms of technical co-operation:
a) study tours and exchanges;
b) formation of a corps of interpreters for the authorities;
c) development of Country of Origin Information databases;
d) surveys and research into caseloads;
e) support for computerised registration systems;

III. through competent partners including IOM, co-operation may extend to the study and development of general migration policies and practices;

IV. reinforcing the UNHCR office in Van and the Legal and Durable Solutions Units in UNHCR Ankara;

V. collaboration with the authorities to improve the efficiency and speed of the state asylum procedure and the transfer of accepted cases to the »satellite« cities;

VI. continued monitoring of the protection needs of Iraqi asylum-seekers, periodic reviews of status-determination-practices, and dialogue with relevant partners on eligibility criteria (including issues of »Safe Third Country« and the Internal Flight Alternative);

VII. increased investment in Public Awareness, targeting the academic and NGO Communities as well as Government ministries, the media and political parties, with a view to encouraging and facilitating policy development;

VIII. mass information measures directed at asylum-seekers, to promote awareness of the asylum procedure and its rules, particularly the 10-day limit for applications;

IX. strengthened counselling and material assistance to female and minor refugees, research into these issues and collaboration with relevant partners such as UNIFEM, heightened awareness of gender issues among UNHCR and partner staff.

X. support to the development of Turkish jurisprudence on Protection issues.

10. Resettlement has to be stepped up as a durable solution in order to cope with the increased caseload of recognised Iraqi refugees and to ensure the maintenance of agreements between Turkey and UNHCR.

UNHCR
June 1999

Note on Iraqi Asylum-seekers regarding The Applicability of Internal Relocation Alternative and the Question of Return of Rejected Cases

I. Internal Relocation Alternative

1. A significant proportion of the persons leaving Iraq are refugees. Therefore, UNHCR's overriding concern is that Iraqi asylum-seekers must have access to international protection. A limited internal relocation alternative may be considered possible for some Iraqi asylum-seekers.

2. The seminal issue in respect to the notion of internal relocation alternative (also known as »internal flight alternative«) is whether the fear of persecution that an individual experiences in one part of his or her country of origin can be avoided by moving to another part of the country. If it can, this would tend to suggest that the fear may not, or may no longer, be well-founded.

3. UNHCR general position is that the question of whether an asylum-seeker fearing persecution in one part of the country has the possibility of an internal relocation alternative is one which must be decided on a case-by-case basis, taking into account all the circumstances of each individual case and the situation in the country of origin, including, in particular, the stability of the proposed relocation area.

4. The deciding analysis is whether, in all the circumstances of the case, it would have been (and would now be) possible and reasonable to expect the asylum-seeker to seek and obtain safety within his or her own country, rather than seeking asylum abroad. Factors which need to be considered in judging the reasonableness of the relocation include, among others, the asylum seeker's age, sex, health, educational or professional background, the presence of family members, the existence of ethnic and religious communities to which the asylum-seeker belongs, and political and other links to the area.

5. UNHCR has been, and remains, reluctant to pronounce itself on the »safety« of a particular part of a country providing a relocation possibility for a particular group of individuals; precisely because the analysis must be made on a case-by-case basis. With regard to Iraq,

however, the situation is somewhat anomalous due to the existence of the enclave in the north which is not under the control of the Government. Although the situation within that enclave remains volatile and susceptible to change, UNHCR has recognised that there may be certain cases for which the possibility to remain in, or return to, northern Iraq safely cannot be ruled out. However, it is essential that each claim be assessed in light not only of its particular circumstances, but also in light of the Situation in the enclave at the time the determination is made.

1.1. Asylum-seekers from Government-controlled territory

6. For those persons originating from the territory controlled by the Government of Iraq and who have fled through northern Iraq, the circumstances surrounding the individual case might indicate that the claimant could reasonably have sought protection in the Kurdish-controlled area, rather than in another country. For such persons, the notion of internal relocation alternative may therefore be applied on a case-by-case basis.

7. The basic factors to be considered in determining the possibility of internal relocation in northern Iraq are firstly, whether the person might risk persecution in that area and secondly, whether (s)he has family, community and/or political links there that would make it reasonable for him or her to seek safety within the boundaries of his or her own country, rather than abroad. If a person had resided for a considerable length of time in the north without any protection problems, (s)he may well be considered not to risk persecution there and to be reasonably settled in the local community. This case-by-case analysis of the possibility of internal relocation alternative might apply to Turkomans, Christians and Kurds from Government-controlled territory; and to a lesser extent to the Arabs from the Marshlands as they would often lack a adequate links in north Iraq.

8. However, persons with a high political or military profile, even with relatives or community links in northern Iraq, should not be considered to have an internal relocation alternative because of the risks they may be exposed to of persecution or ill-treatment by the factions or Iraqi Government agents operating in the area.

9. It must be underlined that the quality of protection available to an individual within northern Iraq is impacted by the person's ethnic group

and his or her region of origin. If the person is a Kurd originating from northern Iraq, and has roots in the society there usually through a direct and dose link with a tribe, large family, or neighbourhood, (s)he is more likely to receive basic protection and assistance than a Kurd from Iraqi Government-controlled area.

10. Persons originating from outside northern Iraq are easily identifiable by the local authorities in northern Iraq, who may be reluctant to extend any protection to them. For Arabs originating from Iraqi Government-controlled area, the situation is even more sensitive than it is for the other groups mentioned above. Given that they have a weaker connection with a predominantly Kurdish society, and the mutual general hostility between the Arab and Kurdish communities in Iraq, Arabs may not benefit from the possible protection that Kurds might receive. Whereas Kurds from Government-controlled area share a common language and ethnicity with the residents of northern Iraq, Arabs lack knowledge of the language, and this exacerbates their situation in case of avoiding risks.

11. Taking the above into consideration, it may be stated that internal relocation alternative is more applicable to Kurds who originate from northern Iraq than it is for other asylum-seekers, particularly Arab asylum-seekers outside the region, without an assertion that the former will never experience any events leading to persecution.

1.2.Asylum-seekers from northern Iraq

12. In northern Iraq, KDP and PUK members or sympathisers might be considered to have access to protection in the area controlled by their party, but could be at risk while residing in the area controlled by the other Party. For example, active PUK military personnel, security forces (Asayish) and other who have held positions or decision-making posts within the PUK administration or police could be targeted if identified by the KDP. Conversely, similar categories of KDP people could find themselves in the same situation when residing or crossing the PUK-controlled area.

13. On the other hand, persons originating from the part of northern Iraq under the control of the Iraqi Government (Mossoul and Kirkuk provinces) who have sought asylum abroad and are found to have a valid fear of persecution vis-a-vis the central government in Baghdad,

but have adequate links in northern Iraq and have nothing to fear from the Kurdish authorities there, may be considered to have an internal relocation alternative in northern Iraq and, therefore, will not normally be in need of international protection. This approach is generally applicable to Kurds, Christians and Turkomans. Nevertheless, each and every case should be analysed on an individual basis.

14. Opponents of the Iraqi Government who have a valid fear of persecution vis-a-vis the Government as well as the Kurdish authorities in the north, cannot be considered to have an internal relocation alternative in northern Iraq. With respect to members of the Iraqi National Congress (INC), some of them continue to stay in northern Iraq since August 1996 with little, if any, threat to them, as the INC seems to be no longer active. The possibility or not to apply internal relocation alternative to an INC member should, like the other above situations, be subjected to an individual thorough determination of the availability of adequate local protection, community links and length of period of stay in northern Iraq.

15. The situation in northern Iraq continues to be volatile and may change at any time, and UNHCR will continue to monitor it carefully. Any serious deterioration will he an important factor in the assessment of cases and may lead the Office to reconsider its position on the possibility of internal relocation alternative.

2. Return of Rejected Asylum-seekers to Iraq

2.1. Return to Government-controlled areas

16. UNHCR's general position is that asylum-seekers who are properly rejected through fair and efficient procedures which employ the refugee definition criteria appropriately can, in principle, be returned to their country of origin. In practice, this may become difficult where the country of origin raises obstacles. More important are concerns which would accompany any return which are carried out in such a manner as to provoke a particular negative focus on the affected individuals by the national authorities.

2.2.Return to northern Iraq

17. UNHCR considers that the gradual improvements in the Situation in northern Iraq have acquired a sufficiently stable character to

mitigate the Office's strong concerns over the return of rejected cases. The Office has continued to express until recently its objection to this, in the interests of caution, and while it was still in the process of undertaking a thorough assessment of the Situation. However, UNHCR would not object to the return to their places of origin in northern Iraq of asylum-seekers originating therefrom, who have been found through fair and efficient procedures not to be in need of international protection.

18. UNHCR would also not object to the return to northern Iraq of asylum-seekers originating from Iraqi Government-controlled areas, who have been found through acceptable and reliable procedures not to be in need of international protection, and who have sufficient family, community or political links in the North that would normally provide the possibility for a smooth integration.

19. The Office will continue to monitor and evaluate the situation and may reconsider this position, should developments so dictate.

14 June 1999
UNHCR, Geneva

Thomas Uwer/Thomas von der Osten-Sacken

Tamagotchi fürs Gewissen

Die europäische Flüchtlingspolitik erfindet die Heimat neu: Das Beispiel Kosovo*

Die wohl beachtlichste Konversion, die der Kosovo-Krieg mit sich gebracht hat, ist nicht die grüner Kriegsgegner zu militärpolitischen Technokraten oder die eines ehemaligen Nato-Gegners zum kriegführenden Nato-Generalsekretär. Es ist vielmehr die Wandlung von Regierungen, die ein Höchstmaß an Technik und Diplomatie zur Bekämpfung von Flüchtlingen einsetzen, zu staatliche Hilfsorganisationen für »Vertriebene«.

Der Kosovo-Krieg wird medial in der Terminologie der Flüchtlingspolitik entsorgt: Keine Stellungnahme des Bundesverteidigungsministeriums ohne Hinweis auf das Leid der »Vertriebenen«, keine Rechtfertigung »kollateraler Schäden« ohne die Erwähnung des größeren Elends der Kosovo-Albaner. Daß Flüchtlingsabwehr und Außenpolitik zusammengehören, wird von den zur Flüchtlingsabwehr geschaffenen Arbeitsstäben seit langem gefordert. Im Kosovo wird dies nun unter umgekehrten Vorzeichen praktiziert.

Das als Fluchtursachenbekämpfung deklarierte Konzept des Rechts auf Heimat, das auf der völkischen Vorstellung basiert, Menschen wurzelten in einer Heimat und könnten daher nicht einfach gehen, wenn es ihnen dort nicht gefällt, ist zum Instrument europäischer Außenpolitik geworden. Im Kosovo wurde mit der Aggression die Situation erst geschaffen, die mit scheinbarer Notwendigkeit die Nato zwingt, den Flüchtlingen wieder zu ihrer Heimat zu verhelfen.

Eine Logik, der auch einstige Kriegsgegner folgen. »Es gibt keine Rückkehr zur Politik ohne die Rückkehr der Geflohenen«, erklärte beispielsweise Erhard Eppler Mitte April in der Zeit. Er formulierte so weniger das Versprechen an die Flüchtlinge, dafür zu sorgen, daß sie bald wieder vom Zelt in eine Wohnung wechseln können, sondern die Richtlinien einer Außenpolitik, die sich vom Prinzip souveräner Nationalstaaten verabschiedet hat: »Wir haben das Prinzip der Souveränität

---

* Dieser Artikel erschien zuerst in der *Jungle World* vom 16. Juni 1999.

verletzt. Hoffentlich haben wir dies gewollt und werden es weiter tun.« Es hätte Edmund Stoibers Vergleichs zwischen den Vertriebenen und den Kosovo-Albanern auf dem sudetendeutschen Treffen in Nürnberg nicht bedurft, um all jenen souveränen Staaten zu drohen, die dem »Recht auf Heimat« im Weg stehen.

Als solche faßte offenbar auch der noch amtierende israelische Außenminister Ariel Sharon den Nato-Angriff auf. Während er seine Kritik an der Nato damit begründete, daß diese »immer größere islamische Zonen« in Europa schaffe, warf die israelische Linke ihm vor, er wolle eine Diskussion abwenden, die indirekt Auswirkungen auf die Situation Israels haben könnte. Die Staatsgründung Israels 1948 hatte ähnlich viele Flüchtlinge wie jetzt im Kosovo zur Folge.

In der Tat haben die Kosovo-Albaner mit den palästinensischen Flüchtlingen von 1948 gemein, instrumentalisiert zu werden – durch die Nato hier, durch die Staaten der Arabischen Liga dort. Nach dem Sechs-Tage Krieg beschrieb Martha Gelhorn die Politik der Arabischen Liga, die heute wieder an Aktualität gewinnt. Aus arabischer Sicht konnte eine Lösung des israelisch-arabischen Konflikts nur darin bestehen, entweder alles (die »Zerschlagung Israels« und die Rückkehr der Palästinenser in ihre »Heimat«) oder nichts (rund 500 000 Palästinenser leben bis heute in libanesischen Flüchtlingslagern) zu erreichen.

Eine erfolgreiche Integration der Palästinenser in andere Staaten der Region hätte den Territorialanspruch unterminiert. Die arabischen Staaten, schreibt Gelhorn, hätten daher ein vitales Interesse, die Palästinenser künstlich und über Jahre als Flüchtlinge zu halten. Denn ohne »das palästinensische Flüchtlingsproblem (gebe) es keine passende arabische Ausrede für den Krieg gegen Israel«.

Was die dominierende arabische Position in diesem Konflikt auszeichnete, war die Konstruktion einer organischen Einheit aus Volk, gemeinsamer Geschichte und Kultur und dem angestammten Boden. Dieses Konzept einer ethnischen Differenz - zu trennen, was miteinander nicht kann - gilt nun auch wieder im Kosovo. Die UCK verkörpert das völkische Prinzip, das sich aktuell in der europäischen Flüchtlings- und Außenpolitik durchsetzt: Sie kämpft nicht für das Recht, »albanisch« sein zu dürfen, was sich auch im benachbarten Albanien oder im albanischen Kulturverein in Ulm oder Wuppertal machen ließe, sondern für ihre Heimaterde.

Als politische Antriebskraft aber funktioniert das Selbstbestimmungsrecht nur, wenn das politische Subjekt als »Volk« begriffen wird. Dies ist auch die Schwachstelle aller ethnischen und völkischen Bewegungen: Sie appellieren an eine Gemeinsamkeit, die soziale und ökonomische Konflikte der jeweiligen Gesellschaft ignoriert.

Wie die meisten nationalen Bewegungen krankte auch die UCK daran, daß die gegensätzlichen Interessen innerhalb der als Volk apostrophierten Gruppe durch Assimilation und sozialen Aufstieg, Emigration etc. eine effektive Erfindung von Gemeinsamkeit verhinderten. Die Luftschläge der Nato und die Massenflucht der Kosovo-Albaner haben diese Erfindung überflüssig gemacht und dem Kampf der UCK um die Heimaterde einen für jeden Flüchtling nachvollziehbaren Sinn verliehen. Im Flüchtlingslager werden die Kosovo-Albaner zum »Volk ohne Boden«, das unter der Vorgabe der Nato tatsächlich ein gemeinsames Interesse hat: Ein »befreites« Kosovo zu schaffen, als einzige Alternative zum dauerhaften Leben im Zelt.

Die Alternative, irgendwo hin zu gehen, wo man in Ruhe leben kann, wird mit einer Flüchtlingspolitik verhindert, die mit derselben Stringenz völkischer Bewegungen vorträgt, die Leute gehörten dort hin, wo sie herstammen. Das freigewählte Leben in der Diaspora wird unter dieser Voraussetzung zu einem nur als Interim zu rechtfertigenden Zustand. Die Schengen-Staaten entdecken dabei die Vorzüge arabischer Flüchtlingspolitik. Eingliederung, so hieß es damals, würde die Menschen ihrer Heimat entfremden. Das Flüchtlingslager, ideeller Ausdruck einer nicht akzeptablen Interimslösung, wurde zur Dauereinrichtung. So wurden die Palästinenser zu etwas gezwungen, was beispielsweise Sudetendeutsche höchst freiwillig tun: sich auch in der dritten Generation noch über eine »Heimaterde« zu definieren, auf der man nun einmal nicht lebt.

Die Arbeitsgruppe Asyl der Bundesregierung greift darauf unter der Bezeichnung heimatnahe Flüchtlingsunterbringung zurück:

»Durch gemeinsame Anstrengung (...) muß sichergestellt werden, daß vorrangig die Länder der Heimat- und Nachbarregion in der Lage sind, Flüchtlinge aufzunehmen und ihnen Schutz zu gewähren (Regionalisierung der Flüchtlingsaufnahme). Dadurch wird einer dauerhaften Entwurzelung der Schutzsuchenden aus ihrer Heimat und Kultur entgegengewirkt und die Rückkehr erleichtert.« (Arbeitspapier für die zuständige EU-Ratskommission, vom 19. März 1999)

Was die Arbeitsgruppe Mitte März als Entwurf formulierte, sollte wenige Tage später zum praktischen Leitkonzept europäischer Flüchtlingspolitik gegenüber den Kosovo-Albanern werden. Im Fall der Bosnier hatte man die Flüchtlinge noch vorübergehend aufgenommen, bevor man 200 000 von ihnen »rückführte«, mit der Begründung, »daß sonst für künftige Krisensituationen keine Aufnahmekapazitäten vorhanden seien.« (Schily).

Die wenigen tausend Albaner, die bislang in die BRD eingeflogen wurden, sind angesichts der gesamten Flüchtlingszahl dagegen nicht mehr als eine Art Tamagotchi fürs soziale Gewissen, das von Kirchengruppen mit Decken und Gartenmöbeln versorgt werden darf. Diese Flüchtlingspolitik, so die Arbeitsgruppe, »wird den Mitgliedsstaaten erlauben, mehr Mittel für die Beseitigung von Fluchtursachen zur Verfügung zu stellen«. Denn: »Eine kohärente Asyl- und Flüchtlingspolitik (...) muß sich mit den Ursachen von Flucht und Migration und mit der Menschenrechtssituation befassen.«

Für die Umsetzung sind in Albanien und Mazedonien Soldaten der Bundeswehr und Hilfsorganisationen wie Rupert Neudecks Cap Anamur verantwortlich. Neudeck lehnt mittlerweile kategorisch jede weitere Aufnahme von Kosovo-Flüchtlingen in Europa ab: Mit dem »Ausfliegen (würde) ein Signal (gesetzt), daß man den Kosovo nicht zurückhaben« wolle. Es solle nicht die »Erwartung geweckt (werden), es könnten am Ende Hunderttausende nach Mitteleuropa kommen«.

In den Flüchtlingslagern, wo dank der Kanalisierung und Registrierung der Flüchtlinge keine Perspektive existiert – außer der, in die »Heimat« zurückzukehren –, werden europäische und US-Politiker dennoch jubelnd empfangen. Schließlich wissen die Kosovo-Albaner, daß wenigstens noch ihre Rückführung auf dem Programm steht.

Thomas Uwer und Thomas von der Osten-Sacken

Vom Subjekt zum Objekt

Wie Deutschland und Österreich die Genfer Flüchtlingskonvention zu Makulatur machen

Wenige Monate vor Ausbruch des Zweiten Weltkrieges, der die größten Flüchtlingsströme der Geschichte auslösen sollte, legte ein britischer Jurist für seine Regierung die Definition fest, daß »der Status des Flüchtlings natürlich kein permanenter« und es das Ziel von Flüchtlingspolitik sei, »daß er sich dieses Status so schnell wie möglich entledigt, sei es durch Repatriierung oder durch Naturalisierung in seinem Zufluchtsland«.[1]

Auch nach Ende des Krieges hielten die Europäer an diesem Grundsatz fest. So bestand die französische Regierung bei den Vorverhandlungen der Genfer Flüchtlingskonvention selbst angesichts der »Displaced Persons« und Flüchtlinge, die zwölf Jahre deutscher Politik hervorgebracht hatten, auf einer grundsätzlichen »Unterscheidung zwischen ›anerkannten Flüchtlingen‹ (die zu assimilieren seien) und ›Verschleppten‹ (die zurückzuführen seien)«.[2]

Seitdem bewegt sich traditionelle Flüchtlingspolitik zwischen diesen beiden Polen; sie bestand zum Großteil aus Definitionen, wer aus welchen Gründen als Flüchtling anerkannt bzw. wer abgelehnt und abgeschoben werden soll.

Seit Beginn der neunziger Jahre erfährt diese Flüchtlingspolitik eine Neudefinition, die sich vom alten Asylrecht verabschiedet, das eine nationale bzw. zwischenstaatliche Angelegenheit war und vornehmlich der Innenpolitik zugeordnet wurde. Abgelöst wird es von einer an außenpolitischen Eingriffen orientierten supranationalen Politik, die nicht mehr, wie dies zuvor die Regel war, vor der Unantastbarkeit nationaler Souveränität haltmacht. Dabei handelt es sich nicht nur um die ungeahnten Möglichkeiten, die der Kosovo-Krieg in der bestehenden Fluchtabwehrpolitik geschaffen hat. »Man halte sich nur vor Augen, welch immense Aufwertung die Instanzen der lokalen, regionalen und internationalen Flüchtlingspolitik unter dem Zeichen des

---

* Dieser Artikel erschien zuerst in der *Jungle World* vom 8. September 1999.

Krieges erfahren haben - als Chance der Gestaltung einer umzäunten Lagergesellschaft in einem De-facto-Protektorat des Westens im Kosovo.«[3]

Für den ehemaligen deutschen Innenminister Manfred Kanther galt noch die Direktive weitestgehender Abschottung durch die Erhöhung der Grenzsicherung bei gleichzeitiger Absenkung der Anerkennungsquote von Asylsuchenden im Inneren. Die Abschottung regelten zwischenstaatliche Übernahme-, Rückführungs- und Grenzsicherungsabkommen. Um die Anerkennungsquote zu senken, wurden Diktaturen schöngeschrieben. Heute werden unter sozialdemokratischer Ägide die Herkunftsländer den demographischen Anforderungen der EU so angepaßt, daß ein »Verfolgerstaat« nicht mehr existiert. Außen- und Flüchtlingspolitik verschmelzen in einem aggressiven Konzept demographischer Raumordnung.

Von der Völkerfreundschaft zur Heimatpolitik

Diesen qualitativen Wandel innerhalb der Flüchtlingspolitik übersehend, irrt beispielsweise Gaby Hommel in ihrem aktuellen konkret-Beitrag (Nr. 9/1999), wenn sie Bundesinnenminister Otto Schily die schlichte Fortführung der Abschiebepolitik seines Vorgängers unterstellt. Denn nicht die Abschiebung von Flüchtlingen, sondern die Heimführung der Kosovo-Albaner als ethnische Hilfsaktion steht auf dem Programm. Wie schon bei der Einrichtung des Kfor-Protektorates beruht auch die heute anstehende »Repatriierung« auf einer völkischen Vorstellung von ethnischer Vergemeinschaftung: Menschen sind qua Abstammung Teilhaber eines determinierten Kollektivs, das in sich nicht nur Sprache und Kultur, sondern auch den Anspruch auf ein »angestammtes Territorium« vereinigt.

Wer hier nach Kontinuitäten in der rot-grünen Außen- und Flüchtlingspolitik sucht, sollte nicht bei der konservativen Vorgängerin nachsehen, sondern sich an die Kritik erinnern, die hier und dort schon in den achtziger Jahren an den Papieren der Solidaritätsbewegungen und Unterstützergruppen geübt wurde, aus denen einige der heute Regierenden hervorgegangen sind.

Von den Palästina-Gruppen über die Gesellschaft für bedrohte Völker bis hin zu den Kurdistan-Solidaritätskomitees wurde, zumeist im Namen der Kämpfe gegen nationale, kapitalistische Verwertungsstrategien, der territoriale Anspruch der Völker und Ethnien als Widerstandspotential gegen die imperialistische Durchdringung der Welt verteidigt. Die dahinter stehende richtige Feststellung, daß nicht das bürgerliche Versprechen der Gleichheit der Menschen vor dem Markt, sondern rassistisch legitimierte und mit Hilfe ethnischer Eliten aufrechterhaltene Ausbeutungsstrukturen die kapitalistische Realität ausmachen, führte zu der landläufigen Affirmation jener Zwangskollektive, in denen sich auf der anderen Seite die rassistisch Unterdrückten und »ethnisch« Verfolgten zwangsläufig wiederfinden.

Wenn noch heute die aus der kritischen Entwicklungszusammenarbeit hervorgegangene Organisation Terre des Hommes eine Anzeige schaltet, in der es heißt: »Entwurzelt. Indigene Völker sind immer im Weg. (...) Vielen von ihnen droht die Auslöschung ihrer Kultur oder sogar Völkermord«, dann verharrt sie wenigstens noch auf der Seite der Machtlosen.

Endgültig in ihr Gegenteil verkehrt sich diese Logik, wenn die Herrschenden sich ihrer bedienen: Die verteidigungspolitische Sprecherin der Grünen, Angelika Beer, hielt der Türkei während des Kosovo-Krieges vor, auch sie würde »ethnische Säuberungen« durchführen und drohte, sie solle besser vom Schicksal Jugoslawiens lernen, da derartige Umgangsformen in Zukunft mittels eines neuen zivilgesellschaftlichen Völkerrechtes nicht mehr hingenommen werden könnten.

Der ebenfalls aus dem Repertoire der Solidaritätsbewegung übernommene Duktus, daß man sich einzumischen habe, sobald auf der Welt Unrecht geschehe, ohne nationalen und diplomatischen Interessen Rechnung zu tragen, muß, vorgetragen von einer Regierung, als offene Drohung verstanden werden, die völkerrechtlich verbrieften Umgangsformen zwischen Staaten rücksichtslos über den Haufen zu werfen. Der ganze Zauber dieser Ethno-Politik liegt darin begründet, daß unablässig die Form eines Konfliktes als dessen Inhalt verkauft wird. Aus dem Machtkampf um die kurdischen Gebiete wird der Konflikt zwischen Kurden und Türken, aus dem jugoslawischen Separationskrieg ein albanisch-serbischer Konflikt. Beide können der ethnischen Logik zufolge nur gelöst werden, in dem man ihnen die Hoheit über ihr angestammtes Gebiet gewährt.

Das Naheliegende, nämlich ganz solidarisch das seit Jahren eingeforderte Selbstbestimmungsrecht der Völker in die eigenen Hände zu nehmen, wird jetzt, wo man an der Regierung ist, umgesetzt – gerade weil es so harmonisch mit den Anforderungen einer reformierten Flüchtlingspolitik korreliert. Im Unterschied dazu bestand konservative Politik darin, Verfolgung zwar zu bedauern, sie im gleichen Atemzug aber – mit dem Hinweis, daß es sich um Angelegenheiten souveräner Staaten handele – als gegeben hinzunehmen. Weder die Grünen noch die sozialdemokratischen Erneuerer aber hatten je eine große Affinität zur Souveränitätsfrage. Ideologisch paßt die Vorstellung des »interethnischen Konfliktmanagements« daher zu den sozialdemokratischen oder grünen Grundsatzpapieren wie der Arsch auf den Eimer.

Europa in der Offensive

Der entscheidende Beitrag der europäischen Flüchtlingsbekämpfung zum Kosovo-Krieg und zu künftigen Konflikten besteht weder in der konkreten Fluchtabwehr noch darin, daß diese praktisch an Militärs und Hilfsorganisationen delegiert wurde. Sondern es geht um die Wiederentdeckung des »Rechts auf Heimat« und das daraus abgeleitete Zugriffsrecht auf die Territorien rivalisierender außer- und innerstaatlicher Entitäten. Damit ist die Flüchtlingspolitik der EU-Staaten nicht mehr nur innenpolitischer Spiegel außenpolitischer Verhältnisse, sondern praktischer Teil und zugleich ein ideologischer Motor der Außenpolitik. Die »Festung Europa« ist zur Offensive übergegangen.

Nahezu zeitgleich mit der Einrichtung des kosovo-albanischen Kfor-Protektorates und den ersten pogromartigen Ausschreitungen gegen die serbische Bevölkerung trat der Amsterdamer Vertrag in Kraft. Das 1998 auf dem Amsterdamer Gipfel beschlossene Vertragswerk weist den Weg zu einer künftigen »gemeinsamen Linie« in der europäischen Asylpolitik. Schrittweise soll die Flüchtlingsbekämpfung der Einzelstaaten zusammengefaßt und zur vordringlichen europäischen Aufgabe werden, um später auf EU-Ebene, weitgehend unter Ausschluß richterlicher Kontrolle, zu einer koordinierten Außen- und Flüchtlingspolitik zu gelangen.

Zuvor hatten die Mitgliedsstaaten der EU insofern konventionell auf die Veränderungen nach 1989 reagiert, als die Abkommen von Schengen und Dublin lediglich zwischenstaatliche Abkommen zur Regelung von Aufnahmeprozeduren darstellten, die die innenpolitische Kompetenz der Unterzeichnerstaaten in flüchtlingspolitischen Fragen weitestgehend unangetastet ließen. Auf diese Weise hat sich zwar eine gemeinsame Politik des Schengen-Clubs und der EU, die auf Fluchtverhinderung, Abschottung und Abwehr von Flüchtlingen gerichtet ist, entwickelt. Die einzelnen Unterzeichnerstaaten behielten sich aber weiterhin die zentrale Entscheidungsbefugnis vor. Dies wird sich mit Umsetzung des Amsterdamer Vertragswerkes grundsätzlich ändern. Um einen gemeinsamen »Raum der Freiheit, der Sicherheit und des Rechts« (Vertragstext) zu schaffen, soll die Zusammenarbeit in den Bereichen Justiz und Inneres in der Europäischen Union grundlegend neu geordnet werden.

Aus bislang nicht bindenden Texten der EU wird in zentralen Bereichen der Asyl- und Migrationspolitik Gemeinschaftsrecht werden. Damit soll auch, und dies liegt vor allem im Interesse Deutschlands, nationalen Alleingängen von EU-Staaten künftig vorgebeugt werden. Die relativ liberale Aufnahmepolitik, mit der beispielsweise Italien kurdischen Flüchtlingen begegnete, wird damit genauso ein Ende finden wie die Weigerung einzelner Staaten, Abschiebungen in bestimmte Länder vorzunehmen. Zugleich sollen die asyl- und migrationspolitischen Entscheidungskompetenzen weitgehend der direkten parlamentarischen Kontrolle enthoben und auf einen kleinen Kreis migrationspolitischer Experten innerhalb des Rates konzentriert werden. So entsteht die Situation, daß Regierungen im Rat als Legislative Regelungen beschließen und diese national als Exekutive umsetzen.

Die gemeinsame Regulierung der Migration über die Außengrenzen, wie sie der Schengener Vertrag vorsah, wird damit durch die Konzentration politischer Entscheidungskompetenz in zentralen EU-Gremien ergänzt. Dadurch ist die Abwehr, wie sie im Schengen-Verbund bereits praktiziert wird, nicht hinfällig geworden: Sie umfaßt den Visumszwang für über 130 Länder, die Bestrafung von Transportunternehmen, die Passagiere ohne ausreichende Reisedokumente befördern, die Einrichtung von Gefängnissen für Flüchtlinge in den Transitzonen der Flughäfen, die Sammlung und zentrale Verwaltung von Daten Hunderttausender Ausländerinnen und Ausländer, die kontinuierlich verstärkte Grenzüberwachung mit Hubschraubern, Nachtsichtgeräten, Schnellbooten, Hundestaffeln, Kontrollen in einer 30 Kilometer breiten Grenzzone, verdachtsunabhängige Kontrollen auf Bahnhöfen und in Zügen, die Beteiligung der Bevölkerung an der Observierung des Grenzraumes, Finanzierungs- und Ausbildungshilfen für das Grenzregime der östlichen und südöstlichen Nachbarländer.

Zugleich mit der Verschiebung der politischen Entscheidungsgewalt von nationalen auf europäische Gremien strebt das Amsterdamer Vertragswerk einen »Übergang von ausschließlich rechtsstaatsorientierten zu auch politisch orientierten Schutzkonzepten« (Vertragstext) an. Dies beinhaltet nicht nur, politische Gremienentscheidungen auf EU-Ebene weitgehend richterlicher Kontrolle zu entziehen, sondern wird im Hinblick auf die bislang gültige Asylrechtsregelung der Einzelstaaten absehbar eine grundlegende Neudefinition des Status von Flüchtlingen nach sich ziehen: Vom Rechtssubjekt, dessen »Einzelfall« im Mittelpunkt eines asylrechtlichen Verfahrens steht, zum »Kontingentflüchtling«, der als Teil eines nationalen oder ethnischen Kollektivs Duldung erfährt.

»Letztendlich ist in einem künftigen umfassenden Rechtsakt auch die Frage zu klären, ob sich das in Europa in ganz anderen verwaltungsrechtlichen Zusammenhängen entwickelte Rechtsstaatskonzept und das Modell rechtsförmig durchsetzbarer subjektiver Rechte tatsächlich noch für den Flüchtlingsbereich als einziges Instrument eignet. An die Stelle von individuellen Bescheidverfahren könnte ein ausgeweitetes Kontingentaufnahmeverfahren treten, das sich im übrigen auch noch relativ leicht mit neu zu entwickelnden Lastenteilungsmechanismen kombinieren ließe«, schreibt Manfred Matzka[4], einer der Mitautoren der Strategiepapiere, die von der österreichischen Regierung während der Zeit ihrer EU-Ratspräsidentschaft vorgelegt wurden. Aus einem subjektiven Recht wird politisch gewährte Gnade.

Neben der europaweiten Übernahme und »Verrechtlichung« der restriktiven Schengen-Praxis soll ein EU-Asylrecht zugleich auch andere wichtige Bereiche abdecken. Im Sommer 1998 trat die EU mit einem abgestimmten Maßnahmenbündel gegen irakische Flüchtlinge erstmals als gemeinsamer Akteur in der Flüchtlingspolitik auf. Der EU-»Aktionsplan Irak« beinhaltet neben der Ausweitung restriktiver Bekämpfung der sogenannten »Schleuserkriminalität« und Verhandlungen mit der Türkei – sie soll endlich als Transitland für abzuschiebende irakische Kurden fungieren – auch Konzepte für die humanitäre Hilfe vor Ort, zur Minderung der sog. Push-Faktoren. Aufschlußreich für die avisierte gemeinsame europäische Asyl- und Migrationspolitik ist ein »Strategiepapier zur Migrations- und Asylpolitik«, das 1998 von Österreich vorgelegt wurde und unter deutscher Ratspräsidentschaft weiterentwickelt wurde.[5]

Austrogermanische Raumplanung

In der bekannten Mischung aus Technokratie und Visionen entwickeln die österreichischen Migrationsstrategen Vorstellungen vom einheitlichen europäischen Asyl- und Migrationsraum, die geprägt sind von Abschottung und Kontrolle, sowie von einer effizienten und koordinierten Abschiebepolitik. Die Genfer Flüchtlingskonvention (GFK), die als internationales Vertragswerk seit 1951 den Flüchtlingsschutz verbindlich regelt, wird als unnützer »Ballast« (Matzka) entsorgt.

Diese nämlich fußt auf der politischen Grundlage ortsungebundener Menschenrechte: Nicht das Recht, an einem gewissen Punkt der Erde zu leben, stand bei ihr im Vordergrund, sondern vielmehr das Recht, ohne Verfolgung und von einem Staat geschützt leben zu können. Diese Vorstellung ergibt nur im Kontext souveräner Staaten einen Sinn. Bis vor kurzem war dieser Kontext auch für die europäische Flüchtlings- und Außenpolitik gültig.

Den österreichischen Planern stellt sich nun die Welt nicht mehr als ein »Konzert der Nationen« dar, sondern als eine Schichtung demographischer Räume um das europäische Kernland. An diesen Räumen – unterteilt in »konzentrische Kreise« – habe sich die Politik der EU-Staaten künftig zu orientieren.

Die Schengen- bzw. EU-Staaten bilden mit den intensivsten Kontrollmaßnahmen den inneren Kreis. Die Assoziationsstaaten der EU und möglicherweise der »mediterrane Raum« bilden den zweiten Kreis. Sie sollen schrittweise in ein ähnliches System der Visa-, Grenzkontroll- und Rücknahmepolitik eingebunden werden, wie es seit 1993 von den Schengen Staaten praktiziert wird. Ein dritter Kreis, der »GUS-Raum, einige Balkanstaaten, die Türkei und Nordafrika« (österreichisches Strategiepapier) umfaßt – Staaten also, die bisher in den Asylstatistiken als Hauptherkunftsländer geführt werden –, soll in Zukunft selber vor allem Transitkontrollen für »Flüchtlinge aus Drittstaaten« und eine effektive länderübergreifende »Schleppereibekämpfung« gewährleisten. Der vierte Kreis schließlich ist jener der »Herkunftsländer«, aus denen die Flüchtlinge demnach zukünftig stammen werden und wird lediglich noch differenziert in »mittlerer Osten, China und Schwarzafrika«.

Die Autoren des Papiers gehen davon aus, daß mit der politischen Umsetzung dieser Raumplanung in Zukunft nur noch einige wenige

Länder grenzüberschreitende Flüchtlinge erzeugen werden, die bis in den innersten Kern vordringen können. Eine Ausnahme bilden die sog. interethnischen Konflikte, denen die Migrationsstrategen besonderes Augenmerk widmen.

Entsorgung des Asylrechts

Da es immer noch ein schwieriger Akt ist, international gültiges Recht zu revidieren, schreiben die Autoren Geschichte einfach um: Die GFK sei, so das österreichische Strategiepapier, »zweifellos zugeschnitten (gewesen) auf Flüchtlinge, die von autoritären Regimes (der kommunistischen Welt oder der unterentwickelten Staaten) vertrieben wurden, aber sie erfaßt nicht gänzlich die Vertreibung durch interethnische Konflikte oder aber die Bewältigung illegaler Migration aus manchen Krisengebieten insbesondere in der Dritten Welt.«

Damit fügen sich die Autoren in die standardisierte Form einer von Tätern geschriebenen Geschichte. Denn die GFK war keineswegs »zugeschnitten« auf irgendwelche kommunistischen Staaten (die SU hat die GFK mitgestaltet) oder »unterentwickelte Länder« (die es in dieser Form Ende der vierziger Jahre noch nicht gab), sondern auf die Folgen zwölfjähriger deutscher Raumplanung, die neben allen Ermordeten auch Millionen von »Displaced Persons« hinterließ. Sie war zugleich Teil des Versuchs, ein international gültiges Regularium schaffen, um einer Katastrophe, wie sie es vor und während des Zweiten Weltkrieges die Abschottungspolitik aller Länder gegen Flüchtlinge aus dem deutschen Machtbereich war, vorzubeugen und ist von daher im selben Atemzug mit dem Völkerrecht und dem Verbot eines Angriffskrieges zu nennen.

Dies implizierte den, wenn auch unzureichenden Versuch, einzelnen Nationalstaaten die Definitionsmacht aus den Händen zu nehmen, was »illegale Migration« sei. Mit dieser Methode nämlich wurden nicht nur in großem Maße von Deutschland und Italien (Gesetz gegen Emigranten von 1926) ganze Bevölkerungsgruppen kriminalisiert. Auch die westlichen Demokratien nutzten derartige Praktiken. So entschied sich etwa die holländische Regierung angesichts der Flüchtlinge aus Deutschland per Dekret am 7. Mai 1938, jeden Flüchtling zum unerwünschten Ausländer zu erklären, dessen sich möglichst schnell zu entledigen sei.

Vor diesem Hintergrund schrieb die GFK fest, daß Flüchtlinge nicht wegen falscher Papiere oder Angaben kriminalisiert bzw. illegalisiert werden dürfen, da dies Maßnahmen seien, die Staaten willkürlich und per Dekret verhängen können. So kamen noch in diesem Jahr die englischen Lordrichter des High Court in London zu dem Schluß, daß »die Inhaftierung Asylsuchender wegen falscher Papiere (...) rechtswidrig (sei)«. Das oberste Zivilgericht Großbritanniens berief sich auf Artikel 31 der Genfer Flüchtlingskonvention. »Dort sei festgelegt, daß Asylsuchende und politische Flüchtlinge nicht wegen des Gebrauchs falscher Papiere belangt werden sollten. Die britische Behördenpraxis verstoße somit gegen internationales Recht«. (AP-Meldung vom 29. Juli)

Die Richter widersprachen im Sinne der GFK »damit der Ansicht des Innenministeriums, das den beabsichtigten Abschreckungseffekt als legitim bezeichnet hatte. Die Verurteilung der Asylsuchenden sei offenbar allein von dem Willen der Behörden diktiert, weitere Flüchtlinge davon abzuschrecken, in Großbritannien um Asyl zu ersuchen.« Dieses Urteil ist eines von vielen, die den nationalen und europäischen Exekutivbehörden vor Augen führen, daß, solange die GFK in Kraft ist, jederzeit unbotmäßige Richter ihre Politik durchkreuzen können mit dem Hinweis: »Von Artikel 31 der Genfer Konvention sei offenbar keine Notiz genommen worden«.

Ein gängiges Mittel, Folgerichtigkeit in der Zeit zu erzeugen, besteht in der stetigen Wiederholung. Die austro-germanischen Migrationsstrategen gehen international gültiges Recht wie die GFK mit dem ständigen Verweis darauf an, daß bestehendes Flüchtlingsrecht den politischen Gegebenheiten der neunziger Jahre nicht mehr gerecht werde, um den wirklich Bedürftigen schnell und ohne hindernde Paragraphen zu helfen.

Ganz diesem vermeintlich humanitären Duktus verpflichtet, stellen dann auch die Österreicher die Frage, ob eine »Schutzgewährung (fortan) nicht als subjektives Individualrecht, sondern als institutionelles Angebot des Aufnahmelandes« zu gewähren sei. »Eine solche Sichtweise würde es den potentiellen Aufnahme- und Schutzstaaten ermöglichen, unter bestimmten Voraussetzungen wesentlich flexibler und rascher mit ihren Angeboten zu reagieren.«[5]

Wie in anderen Politikbereichen auch zielt der nach Veränderung und Reform rufende Vorstoß auch hier nur darauf, bestehendes Recht abzuschaffen, denn bei den »institutionellen Angeboten« geht es »um etwas anderes als um die Ausweitung des Katalogs der Verfolgungsgründe in der GFK; es geht um eine der Entwicklung Rechnung tragende Neukonstruktion des Schutzsystems, die die GFK nicht antastet, aber komplementär dazu ein zusätzliches Modell entwickelt. Ein Modell, das auf einen nicht in der GFK genannten Personenkreis Bezug nimmt und für diesen die adäquaten - ebenfalls naturgemäß nicht in der GFK genannten - Lösungen vorsieht.«

Diese These, daß bestehendes Flüchtlingsrecht, vor allem die GFK, nicht auf Asylsuchende zugeschnitten gewesen sei, die vor ethnisch begründeter Gewalt fliehen, stellt das Herzstück der angestrebten europäischen Neukonstruktion des Flüchtlingsrechts dar. Mit ihr soll erreicht werden, daß in Zukunft »ethnische« Flüchtlinge nur temporäre Kontingentduldungen erhalten sollten (wie jetzt die Kosovo-Albaner), anstatt einen Rechtsanspruch auf Asyl einklagen zu können.

Hier wird suggeriert, die politischen und militärischen Konflikte der zwanziger, dreißiger und vierziger Jahre, die schließlich zur Verabschiedung der GFK geführt haben, hätten keinen »ethnischen« Hintergrund gehabt. Das Gegenteil ist der Fall: Am Anfang supranationaler Flüchtlingspolitik stand, was man heute »ethnische Säuberungen« zu nennen pflegt. »Moderne« Flüchtlingspolitik begann mit der Vernichtung der Armenier durch die Türken und dem zwangsweisen türkisch-griechischen Bevölkerungsaustausch nach dem Ersten Weltkrieg. Zeitgleich erhob der US-Präsident Woodrow Wilson 1917 das »Selbstbestimmungsrecht der Völker« zur obersten Maxime der »freien Welt«.[6]

Während Wilson von einem demokratischen, nichtkommunistischen und in Nationalstaaten nach westlichem Muster gegliederten Europa schwärmte, entwickelte sich die Wirklichkeit zu einem Alptraum: Aus der Konkursmasse der k.u.k. Monarchie, des Osmanischen Reiches und des Zarenreiches entstanden Nationalitätenstaaten, in denen umgehend »ethnische Konflikte« zwischen der Mehrheitsbevölkerung und den dort lebenden Minderheiten ausbrachen. Diese Konflikte, direkte Folge des umgesetzten »Selbstbestimmungsrechtes«, verursachten die größten bisher bekannten Flüchtlingsströme in die Länder Westeuropas.

In seinem Buch »Die Tyrannei des Nationalen. Geschichte des Asylrechts in Europa« gibt Gérard Noiriel einen kurzen Überblick, wer wen vertrieb bzw. massakrierte. Es ist dabei kein Zufall, daß auch in aktuellen Strategiepapieren, die von »Selbstbestimmung« und völkischer Autonomie sprechen, die selben Akteure und Regionen im Vordergrund stehen.

»Der Triumph der ›Jungtürken‹-Revolution führte in einem Umfang zu Massakern gegen christliche, griechische, kurdische und vor allem armenische Gruppen, der vorher nie dagewesen war. Ebenso verfuhren in der Zeit zwischen den beiden Weltkriegen die einst kolonialisierten Völker, die sich der europäischen Vormundschaft hatten entledigen können. Sie weihten ihre eben erst erworbene Souveränität mit der Verfolgung aller kollektiven Lebensformen ein, die sich vom nationalen Modell unterschieden. (...) Die von den alten Reichen des Ostens verfolgten ›Völker‹ behandelten ihre eigenen ›Minderheiten‹ in der gleichen Art und Weise, sobald sie die Unabhängigkeit erreicht hatten. (...) Das gleiche Prinzip nationaler Identität erklärt auch die enormen Bevölkerungswanderungen, die vor und nach dem Ersten Weltkrieg auf dem Balkan stattfanden. Hier wurde die Verflechtung der Sprachen, Bräuche und Völker (...) im Namen eines höheren Prinzips zerrissen, demzufolge einem ›Volk‹ ein nationales Territorium entsprechen muß.«[7]

Die westliche Politik, die auf ethnische Selbstbestimmung in Osteuropa und im Nahen Osten setzte, was nichts anderes hieß, als daß Nationalität bestimmte, wer wen von welchem Territorium vertreiben durfte, beschreibt wiederum die Aushöhlung des Asylrechts und damit des Rechtstaates. Hannah Arendt merkte dazu an: »Die Minderheiten Ost- und Südosteuropas und die Staatenlosen, die sich in großen Gruppen und schließlich als kompakte Volkssplitter über ganz Mittel- und Westeuropa ergossen, haben den Zerfallsprozeß des Nationalstaates insofern außerordentlich beschleunigt, als die nationalstaatliche Lebensform nun immer größere Gruppen europäischer Menschen ausschloß und in ein Niemandsland verwies, in dem es weder Recht noch Gesetz, noch irgendeine Form geregelten menschlichen Zusammenlebens gab.«[8]

Als Resultat einer ethnischen Neugliederung Osteuropas und des Nahen Ostens kamen Tausende von Flüchtlingen nach Westeuropa, um dort umgehend als Problem behandelt, illegalisiert und – wo irgend möglich – repatriiert zu werden. Die sogenannten ›interethnischen‹ Konflikte, die von der EU und Österreich/Deutschland gerade als keine zehn Jahre alte beschrieben werden, sind so alt wie das Jahrhundert.

Ebenso alt sind die monotonen Reaktionen der Aufnahmeländer: Tausenden von Flüchtlingen, die nur aufgrund ihrer Religion, Sprache, Hautfarbe oder »Rasse« verjagt worden waren, stand der Völkerbund machtlos gegenüber, da sich die europäischen Länder zunehmend weigerten, Flüchtlinge aufzunehmen und vor allem zu assimilieren.

Als mit der Machtübergabe an Hitler unzählige Menschen aus Deutschland fliehen mußten, schotteten, entgegen internationaler Abmachungen, alle westlichen Länder ihre Grenzen ab. 1936 bestätigte der Völkerbund die französische Gesetzgebung, daß deutsche Exilanten abgeschoben werden durften und läutete so faktisch das Ende international verbindlicher Flüchtlingspolitik ein. Die Vorstöße nationaler Regierungen gegen die Völkerbundpolitik erinnern stark an die Argumentation des österreichischen EU-Papiers: Von illegalen Grenzübertritten, erleichterten Repatriierungsmöglichkeiten und Internierungslager für Abschiebehäftlinge ist da die Rede.

Anders als heute aber wollte und konnte man in den zwanziger und dreißiger Jahren die Ursache dieser Migrationsströme nicht »heimatnah« bekämpfen; statt dessen schottete man nur die Grenzen ab und versuchte das Asylverfahren für diejenigen, die nicht sofort repatriierbar waren, so kompliziert wie möglich zu gestalten. Aufschlußreich, weil äußerst aktuell, klingen so auch die Direktiven der holländischen Regierung von 1939, die die Ausländerbehörden auffordern, möglichst wenig Flüchtlinge anzuerkennen oder Asylsuchende human zu behandeln (in der Sprache der EU-Planer, die »Pull Faktoren« zu minimieren), weil dies Menschen »zur Emigration veranlassen könnte, die sonst auch unter großen Schwierigkeiten in ihren Ländern bleiben würden«.[9]

Mit der Genfer Flüchtlingskonvention sollten derartige Praktiken nicht nur unterbunden werden, sie sollte auch eine umfassende Definition des »Flüchtlings« beinhalten und von daher gerade auf Menschen zugeschnitten sein, die wie 30 Millionen Displaced Persons in Europa zum großen Teil nur aufgrund ihrer Religion, bzw. ihrer »ethnischen« oder nationalen Zugehörigkeit verfolgt, interniert oder vertrieben worden waren. Dabei setzten sich bei der Abfassung des Konventionstextes noch nicht einmal die »liberalen« und »universalistischen« Standpunkte der Briten und Amerikaner durch, die nach einer noch umfassenderen Definition verlangten, sondern die Franzosen, die, wie Noiriel aufzeigt, alte Beschränkungen beibehalten wollten.

Der Endtext definiert einen Flüchtling nun als einen Menschen, »der Grund zur Befürchtung hat, wegen seiner Rasse, seiner Religion, seiner Nationalität, seiner Zugehörigkeit zu einer bestimmten sozialen Gruppe oder seiner politischen Ansichten verfolgt zu werden«. Sämtliche Opfer »interethnischer Konflikte«, die von den EU-Planer neuerdings entdeckt werden, fallen damit offensichtlich unter den Schutz der GFK.

Die Bundesrepublik hat diesen Aspekt nie in nationales Recht überführt; sie kennt nur Verfolgung durch staatliche Gewalt. Anstatt, wie Kanada, die USA, Dänemark und Schweden, auch nichtstaatliche Verfolgung, also solche durch völkische bzw. religiöse Verbände, Parteien, Banden u. ä., anzuerkennen, kämpfen die deutschen EU-Vertreter in vorderster Front gegen die bisherige Auslegung der Genfer Flüchtlingskonvention.

Während hierzulande die wenigsten auf diesen offensichtlichen Widerspruch verweisen, fragt sich beispielsweise das US Committee for Refugees, warum ausgerechnet die Bundesrepublik davon spricht, daß Opfern nichtstaatlicher Gewalt in Zukunft mit einem neuartigen Instrumentarium begegnet werden müsse. »Es stünde ihr weit besser an, ihr Recht den internationalen Standards anzupassen, als an Grundsatzpapieren zu schreiben, die vorgeben, daß die GFK kein adäquates Instrument mehr sei, um den Herausforderungen der neunziger Jahre entgegentreten zu können.«[10]

Die Kritik der US-amerikanischen Flüchtlingsorganisation trifft derweil den Kern des deutsch-österreichischen Vorstoßes nicht, der sich nur vordergründig am klassischen Subjekt der Fluchtabwehr, dem Flüchtling, orientiert. Die »Herausforderung der neunziger Jahre« nämlich besteht nicht in einem qualitativ neuen Flüchtlingsphänomen, dem mit einer veränderten Flüchtlingspolitik begegnet werden müßte, sondern in der herrschaftspraktischen »Herausforderung«, die rechtlichen, politischen und militärischen Instrumente europäischer Staaten für die Außenpolitik der EU als neuer Weltmacht umzugestalten.

Vor diesem Hintergrund, der Zusammenführung militärischer, ökonomischer, humanitärer, diplomatischer und rechtlicher Mittel zur Durchsetzung europäischer Interessen gegenüber anderen Staaten, greift jede Kritik zu kurz, die mit dem Verweis auf die Genfer Flüchtlingskonvention die Migrationsstrategen eines Besseren belehren will. Der Bruch mit internationalen Konventionen nämlich wird nicht in

Kauf genommen, sondern ist ein zentraler Bestandteil der europäischen Emanzipation vom Zeitalter der Nationalstaaten.

Zur »heimatnahen Fluchtabwehr«

Was Technokraten der Flüchtlingsabwehr als raumplanerische Vision für morgen entwerfen, wurde von westlichen Regierungen, Hilfsorganisationen und Militärs praktisch längst umgesetzt. Mit der Einrichtung von »Save havens«, UN-Schutzzonen und Nato-Protektoraten, die seit dem Zweiten Golf-Krieg als Ultima ratio menschenrechtsorientierter Außenpolitik propagiert werden, ist die Genfer Flüchtlingskonvention praktisch in Permanenz außer Kraft gesetzt worden. »Die Genfer Konvention sieht die Einrichtung von neutralen Zonen innerhalb von Kriegsgebieten zum Schutze von unbewaffneten Nichtkombattanten vor, die nicht in Kampfhandlungen verwickelt sind. Solche Zonen sind nach der Genfer Konvention nur unter Zustimmung der Konfliktparteien einrichtbar. Tatsächlich aber war keiner der »Safe Havens« nach dem Ende des Kalten Krieges demilitarisiert, noch wurde auch nur einer von ihnen mit Zustimmung aller Konfliktparteien eingerichtet.«[11]

Der Unterschied könnte kaum deutlicher sein: Die Trennung zwischen Kombattanten und Nichtkombattanten, zwischen inner- und zwischenstaatlichen Flüchtlingen, die in der Genfer Flüchtlingskonvention noch eingeschrieben ist, wird abgelöst von ethnisch determinierten Kollektiven. Die Logik, daß jedes Mitglied eines ethnischen Kollektivs entweder Verfolger oder Verfolgter ist, verunmöglicht die in der traditionellen Flüchtlingshilfe geforderte Neutralität. Die »Schutzzonen« der neunziger Jahre waren alle eine Parteinahme gegen eine der Konfliktparteien, in keiner von ihnen waren die Insassen vor Verfolgung geschützt. Was im Irak 1991 aus der Not der Stunde entstand, erhielt schrittweise über Bosnien und Ruanda jene ethnische Qualität, die nun im Kosovo dominiert.

1991 verweigerte die Türkei den flüchtenden irakischen Kurden die vorübergehende Aufnahme und schirmte seine Grenze militärisch ab. Mehr als zwei Millionen Kurden waren nach ihrem niedergeschlagenen Aufstand gegen das irakische Hussein-Regime an die Grenzen zum Iran und der Türkei geflohen. In kürzester Zeit spitzte sich die Situation dramatisch zu: 400 000 irakische Flüchtlinge steckten vor der türkischen Grenze fest, während die irakischen Truppen immer näher rückten. »Als die Bilder der Kurden in den Bergen weltweit über die Bildschirme flimmerten, wurde der siegreichen westlichen Koalition unwohl zumute. Die allgemein gültigen Grundlagen des Flüchtlingsschutzes verlangten, daß die Türkei ihre Grenzen offenzuhalten und die Flüchtlinge zumindest vorübergehend aufzunehmen habe, genau so wie dies in den Siebzigern von Thailand gegenüber kambodschanischen, laotischen und vietnamesischen Flüchtlingen oder in den Achtzigern von Pakistan gegenüber den afghanischen Flüchtlingen gefordert wurde.«[12]

Anstatt aber die Türkei mit Nachdruck aufzufordern, ihren Verpflichtungen nachzukommen, spielten die Staaten der Anti-Irak-Koalition den Ball an die irakischen Flüchtlinge zurück. »Am 5. April 1991 beschloß der UN-Sicherheitsrat die Resolution 688, die nicht in erster Linie gegen die Bedrohung durch Saddam Husseins Verfolgungspolitik zielte, sondern gegen die Bedrohung durch »die massive Flut von Flüchtlingen über internationale Grenzen«. Die Verfolgten wurden in eine Bedrohung verwandelt; ihre Flucht, so die Resolution, »bedrohe den internationalen Frieden und die Sicherheit in der Region«.[13]

Zeitgleich starteten die Militärs der Anti-Irak-Koalition die Operation »provide comfort«, ein konzertiertes Hilfs- und Rückführungsprogramm für die irakischen Flüchtlinge. Aus der Not der Stunde hatten internationale Hilfsorganisationen sich erstmals unter der Aufsicht der UN über das bis dahin gültige Grundprinzip der Flüchtlingshilfe hinweggesetzt, daß nämlich Flüchtlingslager möglichst weit entfernt von dem Konfliktgebiet errichtet werden müssen, aus dem die Menschen flohen. Aus dem pragmatischen Bruch mit den Grundsätzen des internationalen Flüchtlingsschutzes ist in den Beiträgen der Bundesregierung während ihrer EU-Ratspräsidentschaft ein Prinzip geworden: Durch die heimatnahe Unterbringung von Flüchtlingen, so der deutsche Standpunkt, »wird einer dauerhaften Entwurzelung der Schutzsuchenden aus ihrer Heimat und Kultur entgegengewirkt und die Rückkehr erleichtert«.[14]

Der kurdische Nordirak ist seitdem zum Modellfall westlicher Außen- und Flüchtlingspolitik avanciert, während in den Schutzzonen »die Sicherheitsstandards stetig sanken«.[15] In Bosnien zog 1992 die Einrichtung von zwischen der kroatischen und bosnischen Regierung ausgehandelten »Schutzzonen« zur Rückführung interner Flüchtlinge umgehend eine Verschärfung der Aufnahmebedingungen bosnischer Flüchtlinge durch europäische Staaten nach sich.

Obwohl sich schon damals zeigte, wie wenig diese Schutzzonen tatsächlich geeignet sind, Schutz zu gewähren, beschlossen auch die UN 1993 die Einrichtung eigener »Safe Havens«. Während auf diesem Wege die Menschen vor Ort gehalten wurden, um gleichzeitig die geplante massenhafte Rückschiebung derjenigen bosnischen Flüchtlinge vorzubereiten, die nach Europa gelangt waren, konnten die künftigen Rückkehrer am Beispiel der Schutzzonen schon verfolgen, was ihnen in nahender Zukunft bevorstand. »Die bosnischen Schutzzonen waren wohl mit die gefährlichsten Orte der Welt.«[16]

Ähnlich unsicher, aber zugleich effizient stellte sich der 1994 von Frankreich unter dem Namen »Opération Turquoise« eingerichtete »Safe Haven« für fliehende Hutu im südwestlichen Teil Ruandas dar. Die Region, die zuvor ein Schauplatz der Massenmorde der zwischenzeitlich gestürzten Hutu-Regierung an Tutsis war, sollte eine Schutz- und Zufluchtsstätte für fliehende Regierungsangehörige bieten. Während offiziell ein Massenexodus nach Zaire verhindert werden sollte, stellte der »Safe Haven« faktisch das letzte von der pro-fanzösischen Hutu-Miliz kontrollierte Gebiet auf ruandischem Territorium dar. Während die Opération Turquoise auf Hochtouren lief, machten sich die bewaffneten Hutu-Milizen daran, weitere Massaker an der verbliebenen Tutsi-Minderheit der Region anzurichten.

Die kurzfristigen, außenpolitischen Vorteile alleine aber können den durchschlagenden Erfolg der »Safe Havens« in den vergangenen Jahren nur unzureichend erklären. Sowohl Frankreich als auch die USA sind mit ihren außenpolitischen Zielen an den Schutzzonen kläglich gescheitert. Die gesamte US-amerikanische Nahost-Politik geriet in eine tiefe Krise, als 1996 eine der irakisch-kurdischen Parteien sich im innerkurdischen Konflikt Unterstützung bei der irakischen Regierung holte.

In der Flüchtlingsabwehr aber zeigten sich die eigentlichen Vorteile des Konzeptes. Nicht nur hatte man die bis dato gültigen Standards des Flüchtlingsschutzes stillschweigend über den Haufen geworfen, sondern zugleich ein Instrument geschaffen, mittels dessen auch jene Flüchtlinge, die den Weg in die Industrienationen geschafft haben, an ihre Herkunftsregion rückzubinden. Irakische Asylsuchende beispielsweise werden seitdem, wenn sie Verfolgung geltend machen, auf den kurdischen Nordirak verwiesen: Dort gäbe es keine irakischen Regierungsorgane und folglich auch keine staatliche Verfolgung. Weil die Menschen dennoch nichts in der verelendeten und von korrupten Eliten und ihren Milizverbänden kontrollierten Region hält, setzt mit dem europäischen Aktionsplan Irak eine vorgeschobene Fluchtverhinderung ein, um sie in der Region zu halten.

Die Fortführung des irakischen Modells besteht nun darin, daß deutsche Soldaten und französische Fremdenlegionäre vor Ort selbst für die Einhaltung der »menschenrechtliche Mindeststandards« sorgen. So wird die europäische Raumplanung nach »konzentrischen Kreisen« umsetzbar: Wenn erst vom Balkan bis zum Kaukasus das »interethnische Konfliktmanagement« der Nato und der bis dahin auf Vordermann gebrachten WEU zum Alltagsgeschäft geworden ist, gibt es qua europäischer Definition tatsächlich bis hin zum äußeren Kreis keinen »berechtigten Fluchtgrund« mehr. Daß der »legale Flüchtling« aus China auf halbem Wege stecken bleiben wird, dafür sorgt die traditionelle Fluchtabwehr.

»Interethnisches Konfliktmanagement« zielt also nicht darauf ab, die lokalen Fluchtursachen zu beseitigen, als vielmehr den Flüchtling selbst. Auf dem Weg dorthin sind einzelne europäische Staaten in der Praxis bereits weit vorangeschritten. Das deutsche Vorhaben, möglichst alle in Deutschland lebenden rund 180 000 Kosovo-Albaner in das Kfor-Protektorat zurückzuführen, also auch jene, die als anerkannte Flüchtlinge oder Arbeitsmigranten schon seit Jahren hier leben, ist die radikale Umsetzung einer vorsichtigen Statistik, die das in Wien ansässige International Centre for Migration Policy Development (ICMPD) im Frühjahr veröffentlichte. Darin stellte das ICMPD, das den theoretischen Background der österreichischen Papiere zur EU-Flüchtlingspolitik lieferte[17], erstmals ein umfassendes Zahlenwerk über »ethnische Albaner« in europäischen Staaten vor. Von hier stammt auch die von Schily genannte Zahl.

Obgleich das ICMPD selbst einräumt, daß eine eindeutige ethnische Identifizierung schwer falle, da der Großteil der Migranten und Flüchtlinge mit jugoslawischem Paß eingereist sei, gilt für Schily nicht mehr Staatsangehörigkeit bzw. ethnische Selbstdefinition[18] als Maßstab, sondern die simple Feststellung, jemand sei als Kosovo-Albaner identifizierbar. Damit fallen die klassischen Unterscheidungen, ob

Menschen als Arbeitsmigranten, Asylsuchende oder Bürgerkriegsflüchtlinge gekommen sind, ebenso weg, wie das Gewohnheitsrecht, Leute, die eine gewisse Zeit Land in einem Aufnahmeland gelebt haben, zu integrieren.

Eingesperrt in ihre Ethnizität und festgeschrieben auf ihren vermeintlichen »Heimatboden« verlieren diese so zu »Verriebenen« gemachten Menschen das, was der Philosoph Vilém Flusser überspitzt die »Freiheit des Migranten« nennt. Ihnen bleibt kein Weg mehr, aus den Kollektiven auszubrechen, deren Ursprung auf Woodrow Wilsons »Selbstbestimmungsrecht der Völker« zurückging. Die Einsicht »dass der Mensch erst eigentlich Mensch wird, wenn er die ihn bindenden vegetabilischen Wurzeln abhackt«,[19] war bisher noch immer insofern umsetzbar, als Menschen in unerträglichen Situation einfach abhauen konnten, um woanders ein neues Leben zu beginnen.

Nicht nur auf der Planungsebene der EU-Technokraten soll das anders werden. In den Flüchtlingslagern in Mazedonien wurde schon einmal demonstriert, zu welchen Sanktionsmaßnahmen »heimatnahe Flüchtlingsversorgung« in Zukunft zu greifen gedenkt: Die taz meldete am 11. Mai 1999, daß die Insassen der mazedonischen Lager nur mit Polizeigewalt vom massenhaften Ausbruch abgehalten werden konnten. Einige Tausend Flüchtlinge hatten versucht, ihrer ethnischen Bestimmung zu entfliehen, und die Zäune der Lager niedergerissen.

Als 1939 R. Yewdall Jermings für seine Regierung feststellte, daß der Status des Flüchtlings kein permanenter sei, schwebte ihm die traditionelle Lösung »Repatriierung oder Assimilation« vor; heute geht es darum, selbst den temporären Status, den ein Flüchtling hat, abzuschaffen. War die GFK späte Reaktion auf die Politik ethnischer Zwangskollektive, die als Nationalstaaten deklariert, Menschen wegen ihrer Abstammung oder Hautfarbe massakrierten oder vertrieben, so markiert ihre Abschaffung den Willen Europas, fortan aktiv »mitzumischen« und damit den Menschen den letzten Ausweg zu verschließen, den Flüchtlingskonventionen ihnen boten.

1 R. Yewdall Jermings, »Some International Aspects of the Refugee Question«, in: British Yearbook of International Law, London 1939, S. 63

2 Gérard Noiriel: Die Tyrannei des Nationalen - Sozialgeschichte des Asylrechts in Europa. Lüneburg 1994, S.108

3 Helmut Dietrich, »Europäische Flüchtlingspolitik und der Nato-Krieg. Die Zerschlagung der Fluchtwege aus dem Balkan nach Westeuropa«, in: Widerspruch, Nr.37/1999, S.7

4 Manfred Matzka, »Zur Notwendigkeit einer europäischen Einwanderungspolitik«, Vortragsmanuskript für eine Tagung, Trier, 18. Februar 1999

5 Europäischer Rat an K-4-Ausschuß: »Strategiepapier zur Migrations- und Asylpolitik«, Brüssel, 29. September 1998 (österreichisches Arbeitspapier)

6 Noiriel, S.81

7 Noiriel, S.82

8 Hannah Arendt: Elemente und Ursprünge totaler Herrschaft - Antisemitismus, Imperialismus, totale Herrschaft. München 1986, S.563

9 zit. nach Arendt, S.591

10 Steven Edminster, »Recklessly Risking Lives: Restrictive Interpretations of »Agents of Persecution‹ in Germany and France«, U. S. Committee for Refugees 1999, www.refugees.org

11 Bill Frelick, »Safe Havens, Broken Promises«, U. S. Committee for Refugees 1998, www.refugees.org

12 Bill Frelick, »Safe Havens, Broken Promises«

13 Bill Frelick, »Safe Havens, Broken Promises«

14 Europäischer Rat an Gruppe Asyl: »Entwurf von Thesen für eine Strategie zur Migrations- und Asylpolitik«, Brüssel, 19. März 1999 (deutsches Arbeitspapier für die EU-Ratskommission)

15 Bill Frelick, »Safe Havens, Broken Promises«

16 Bill Frelick, »Down the Rabbit Hole: The Strange Logic of International Flight Alternative«, U.S. Committee for Refugee 1999, www.refugees.org

17 »Inhaltlich vertritt das Zentrum (ICMPD) unter J. Widgren eine Aufwertung der Flüchtlings- und Migrationspolitik zu einer Art Leitwissenschaft in der Politologie und zum Leitfaden fast aller Regierungsressorts: Alles, was auf der Welt passiert, vom Bevölkerungswachstum bis zum ökologischen Desaster, wird unter das Ursachenszenario des weltweiten Flüchtlingsthemas subsumiert, das die Sicherheit des Westens in einzigartiger Weise herausfordere.« (Helmut Dietrich, Anm. 3)

18 Immerhin gestehen die etwas fortschrittlicheren Ethno-Identitätsdenker dem Individuum in der Regel noch zu, daß es sich selber entscheiden muß, ob es einem Kollektiv angehören will oder nicht; richtig übel wird ethnisiertes Denken dann, wenn es, wie im Fall der aktuellen Debatte, über Fremdzuschreibungen funktioniert.

19 Vilém Flusser: Von der Freiheit des Migranten. Bensheim 1994, S. 107

Berliner Bündnis für Freilassung

Zur Verhaftung von Axel H., Harald G. und Sabine E., zur Abschiebung von Frank L. und Alisia L. und zur Erstürmung des MehringHofes

Am Sonntag, 19. Dezember 1999, stürmten um 6.00 Uhr schwer bewaffnete Spezialeinheiten von Polizei und Bundesgrenzschutz die Privatwohnungen von Axel H. und Harald G. in Berlin. Anschließend wurden sie nach Karlsruhe gebracht, wo ihnen am 20.12.1999 Haftbefehle verkündet wurden. Im selben Zusammenhang erfolgte in Frankfurt a.M. die Verhaftung von Sabine E.

Zeitgleich wurde die Umgebung des MehringHofes in Berlin-Kreuzberg – der Arbeitsstelle von Axel und Harald – von ca. 1.000 PolizeibeamtInnen umstellt. BeamtInnen verschiedener Bundesländer und Bundesgrenzschutz samt Spezialeinheiten durchsuchten mit Schnüffelhunden den MehringHof nach einem Sprengstoff- und Waffendepot, das sich dort befinden sollte. Hohlräume wurden aufgestemmt, Türen aufgebrochen, bis spät in den Abend hinein wurden alle Räume durchsucht – gefunden wurde nichts. Festgenommen wurden bei der Durchsuchung Frank L. und Alicia L., zwei Flüchtlinge, die sich gegen Ende einer Fete noch am Morgen im MehringHof aufgehalten haben. Sie wurden in Abschiebehaft genommen und sind mittlerweile nach Weißrußland und Bolivien abgeschoben.

Die Verhaftungen und Durchsuchungen werden von der Bundesanwaltschaft damit begründet, daß Tarek Mousli – der wenige Wochen vorher von der Bundesanwaltschaft (BAW) wegen Mitgliedschaft in den Revolutionären Zellen (RZ) verhaftet worden war – Axel H., Harald G. und Sabine E. mit Aussagen belastet habe.

Axel H. soll danach Mitglied der RZ sein und ein Sprengstoff- und Waffendepot im MehringHof »betreut« haben. Harald G. und Sabine E. sollen gleichfalls Mitglieder der RZ bzw. der Roten Zora sein und an einem Sprengstoffanschlag auf die Zentrale Sozialhilfestelle für Asylbewerber in Berlin im Februar 1987 beteiligt gewesen sein.

Tarek Mousli soll weiter behauptet haben, daß Harald G. und Sabine E. bei den Schüssen auf die Beine des damaligen Vorsitzenden

Richters des Bundesverwaltungsgerichts Günter Korbmacher im Jahre 1987 beteiligt gewesen seien. Außerdem soll Sabine im Jahre 1986 bei einem Anschlag auf den einstigen Leiter der Berliner Ausländerbehörde Harald Hollenberg mitgewirkt haben – strafrechtlich sind letztere Vorwürfe nach Angaben der BAW verjährt.

Harald hat 1994 die Forschungsgesellschaft Flucht und Migration (FFM) mit begründet. Die FFM ist vor allem durch ihre kritische Recherche und durch ihre Publikationen zu den Auswirkungen der Festung Europa auf Flüchtlinge in den Grenzregionen sowie in den mittel- und osteuropäischen Ländern bekannt geworden. In den mittlerweile fünf Jahren FFM hatte Harald entscheidenden Anteil an der Recherche- und Öffentlichkeitsarbeit. So hat er die Dokumentationsstelle »Menschenrechtsverletzungen an der Grenze« mit aufgebaut. Er hat den Versuch der staatlich erzwungenen Einbeziehung gesellschaftlicher Gruppen in die Ausgrenzung von Flüchtungen und MigrantInnen anhand der Verurteilungen von TaxifahrerInnen an den östlichen Grenzen Deutschlands recherchiert und öffentlich gemacht. Zuletzt beteiligte er sich an der Beobachtung eines Prozesses in Cottbus. Dort stehen junge Nazis vor Gericht, die im Februar 1999 einen algerischen Flüchtling in Guben in den Tod gehetzt hatten. Die Verhaftung von Harald reißt nicht nur eine große Lücke in die ohnehin personell schwierige Situation der FFM, sondern auch in die flüchtlingsunterstützenden Netze wie den Flüchtlingsrat Brandenburg, dem Harald ebenfalls angehört. Eines seiner künftigen, von ihm bereits mit vorbereiteten Projekte ist die Mitarbeit am »Internationalen Menschenrechtsteam an der Grenze«; damit soll die kritische Beobachtung der polizeilichen Fahndungs- und Behandlungspraxis gegenüber Flüchtlingen an der östlichen Schengener Außengrenze zum regulären Aufgabenfeld international anerkannter Menschenrechtsgruppen werden.

Axel ist mit dem MehringHof seit seinem Bestehen eng verbunden. Bevor er die Stelle als Hausmeister antrat, war er Mitglied des Kneipenkollektivs Spectrum, das er seinerzeit mit gründete. Das legendäre »Specci« war eine der ersten kollektiv geführten Berliner Szenekneipen und zog 1980 mit den ersten Projekten in den MehringHof ein. Das Spectrum war ein Ort, wo regelmäßig Solidaritätskonzerte, -feten und politische Veranstaltungen zu den verschiedensten Themen stattfanden, die die Linke in den 80er Jahren bewegten. Nach Auflösung des Kollektivs wurde der Gewinn in ein Schulbauprojekt in Nicaragua gesteckt und in eine Seifenmanufaktur für salvadorianische Flüchtlingsfrauen. Gegen Ende der 80er Jahre hatte Axel an der Errichtung eines kommunalen Radios im Süden Nicaraguas mitgewirkt. Bis zu seiner Verhaftung war er in dem »Initiativkreis gegen den Schlußstrich« aktiv, der sich in Berlin im Zusammenhang mit dem geplanten Mahnmal für die ermordeten europäischen Jüdinnen und Juden gebildet hatte. Der Initiativkreis wendet sich dagegen, dass mit dem Holocaust-Mahnmal ein historischer Schlußstrich unter die deutsche Vergangenheit gezogen wird und es als Symbol einer abgeschlossenen Geschichte funktionalisiert wird. Axel, wie viele andere von uns, gehört jener Generation an, für deren Politisierung die Auseinandersetzung mit den Verbrechen des Nationalsozialismus ausschlaggebend gewesen ist.

Bei der Erstürmung des MehringHofes nahmen die strafverfolgenden Behörden gezielt in Kauf, daß durch die Durchsuchung wieder einmal das politische und kulturelle Projekt MehringHof, das über 30 Gruppen, Initiativen und Gewerbebetriebe unter seinem Dach vereint und über 120 Menschen einen Arbeitsplatz bietet, zum Vorführ-Objekt verschiedener JournalistInnen und PolitikerInnen wurde. Die zwanzigjährige Geschichte des MehringHofes steht für eine unabhängige, unbequeme und vielfältige Kultur des Protestes und für ein Engagement für eine gerechte Gesellschaft. Neben gewerblichen Einrichtungen wie Verlagen, einer Druckerei, einem Fahrradladen und einem linken Buchladen finden hier unterschiedliche soziale, kulturelle und politische Initiativen Platz. In der letzten Zeit hat der gesamte MehringHof eine übergreifenden Initiative für »Flüchtlinge ohne Papiere« beschlossen. So entschieden sich anläßlich des 20-jährigen Jubiläums alle MieterInnen für die praktische Solidarität mit Flüchtlingen, MigrantInnen und Illegalisierten durch die Übernahme einer Patenschaft.

Zum Sonder-Beweismittel des Bundeskriminalamts und der Bundesanwaltschaft: »Kronzeuge« Tarek Mousli

Die Durchsuchung des MehringHofs und die Haftbefehle beruhen – nach Angaben der Ermittlungsbehörden – ausschließlich auf den Anschuldigungen des »Kronzeugen« Tarek Mousli. Der Vorwurf, dass im MehringHof Sprengstoff und Waffen gelagert wären, wurde bereits zu

Beginn der Polizeiaktion zu einem Schlag ins Wasser: im MehringHof wurde nichts davon gefunden. Tarek Mousli hat sich offensichtlich als »Kronzeuge« den Ermittlungsbehörden angedient, belastet sich selbst und hofft nun darauf, durch Angaben, die andere belasten, ungeschoren davon zu kommen. Diesen Rollenwandel im laufenden Ermittlungsverfahren versucht die Bundesanwaltschaft (BAW) mit Hilfe der am 31.12.1999 ausgelaufenen Kronzeugenregelung durchzusetzen. Die Mehrheit der Richter- und Anwaltschaft bezeichnet den Rollenwandel vom potentiellen Angeklagten zum Zeugen der Anklage wie insgesamt die Kronzeugenregelung als Verstoß gegen ein fundamentales strafprozessuales Prinzip. Kronzeugen werden von den Ermittlungsbehörden bei sogenanntem Ermittlungsnotstand aufgebaut, das heißt in Situationen, in denen es keine Beweismittel gibt. Die strafverfolgenden Behörden verhören den Kronzeugen während der Ermittlungen und Strafprozesse weiter und können sie, die sich auf das Versprechen des Straferlasses und des späteren Zeugenschutzprogramms eingelassen haben und sich in absoluter Abhängigkeit von seinen Verhörern befinden, je nach Opportunität auf neue Fährten setzen. Damit ist der Manipulation der Ermittlungsverfahren und der Strafprozesse durch BKA, BAW und andere Behörden Tür und Tor geöffnet. Sie verschaffen sich damit ein von ihnen selbst kontrolliertes Instrument der Beweisproduktion.

In der Praxis hat dieses Sonder-Beweismittel mehrfach dazu geführt, dass die Kronzeugen in den Strafverfahren angesichts ihrer sinkenden Glaubwürdigkeit immer absurdere Beschuldigungen vorbrachten. Denn sie klammern sich in ihrer Angst, den Erwartungen der Justiz nicht entsprechen zu können, an das Versprechen, dass der Strafnachlass um so höher ausfallen wird, je gravierender die Taten sind, von denen Kronzeugen angeblich sprechen können.

Die Partei der Grünen, die im Vorwahlkampf zu den letzten Bundestagswahlen die ersatzlose Streichung nicht nur der Kronzeugenregelung, sondern auch des Paragrafen 129 a und aller anderen politischen Sondergesetze der 70er Jahre beantragte, schrieb am 11.12.1997 zur Kronzeugenregelung: »Sie provoziert zum einen Falschaussagen und eröffnet die Möglichkeit der Einflussnahme durch die Ermittlungsbehörden auf den Zeugen. Dies wird eindrücklich durch den Fall Nonne belegt, der im Zusammenhang mit der Aufklärung des Mordes an Alfred Herrhausen steht. Nonne widerrief seine bereits zuvor gestandene Beteiligung an dem Anschlag und seine Angaben über den Tathergang und die Tatbeteiligten. Seine Falschaussagen seien unter Druck der Ermittlungsbehörden mit Geldzusagen veranlasst worden.«

Wir fordern die sofortige und bedingungslose Freilassung von Axel H., Harald G. und Sabine E. und protestieren gegen die Abschiebung von Frank L. und Alicia L.!

In einer Zeit,

- in der jährlich Zehntausende von Menschen an den Außengrenzen Europas verhaftet, drangsaliert und zurückgeschoben werden,
- in der aufgrund der EU-Abschottungspolitik Tausende ums Leben kommen,
- in der die rechte und rechtsextreme Mobilisierung politisch wie kulturell einen für das Europa der Nachkriegszeit noch nie dagewesenen Aufschwung erfahren hat,
- in der sich die rassistische Stigmatisierung und Ausgrenzung von Flüchtlingen und MigrantInnen auf allen gesellschaftlichen Ebenen zugespitzt hat,
- in der Menschen anderer Hautfarbe die berechtigte Angst haben, jederzeit Opfer eines rassistischen Angriffs zu werden,
- in der alleine aus Deutschland jährlich über 30.000 Menschen per Flugzeug abgeschoben werden,
- in der antisemitische Überfälle, Anschläge auf jüdische Friedhöfe, die Schändung von Gedenkstätten erschreckend zunehmen,
- in der die Bundesregierung den ersten Angriffskrieg nach 1945 gegen Jugoslawien mit Auschwitz rechtfertigt,
- in der sich eine unwürdige und schäbige Verhandlungstaktik von Seiten der beteiligten Firmen über die Entschädigung für Zwangsarbeiterinnen und Zwangsarbeiter hinzieht, brauchen wir vielfältige Politikformen, die diesen Entwicklungen gegensteuern und sie aufhalten.

Zum historischen und aktuellen Hintergrund

Ohne die Absicht, die Geschichte linker Gruppen und Bewegungen im Moment der Repression stellvertretend zu schreiben, sind dennoch folgende Anmerkungen angebracht.

Die vorgeworfenen Aktionen richteten sich gegen die staatliche Flüchtlingspolitik und fanden 1986/87 zu einem Zeitpunkt statt, als die Regierung, viele Politiker, Behörden und Medien das durchzusetzen begannen, was heute barbarischer Alltag geworden ist: Im Rahmen regelrechter Kampagnen setzten sie damals Abschiebeknäste und Sammellager ein, setzten Gutscheine statt Bargeld und die Abschiebungen in Folterstaaten durch. Zu einem ersten Fanal wurde 1983 der Tod von Kemal Cemal Altun: Er hatte sich nach Ablehnung seines Asylantrages aus dem Fenster des Bundesverwaltungsgerichtes (Berlin) gestürzt, um seiner Abschiebung in die Türkei zu entgehen. In der Neujahrsnacht 1983/84 verbrannten sechs Flüchtlinge in Abschiebehaft in Polizeiarrestzellen am Berliner Augustaplatz (Abschiebeknäste waren damals noch nicht etabliert). Sie hatten gegen ihre Einkerkerung, die Überbelegung und die menschenunwürdige Behandlung protestieren wollen. Ihre Wärter waren nicht zur Stelle, um ihnen während des Brands aufzuschließen. Einzelne Behörden und Beamte setzten die staatlichen und medialen Hetzvorgaben mit eigener Energie und rassistischem Vorsatz in eine Flüchtlingspolitik um, zu einer Zeit, als sie noch nicht vollends in Spezialgesetze gegossen war.

1986 betrieb der Berliner Senat – bundesweit mit einer so genannten Sommerkampagne vorpreschend – eine Zuspitzung der Situation. Die Berliner Polizeibehörden nahmen internationale Spannungen zum Anlass, alle Berliner Flüchtlingsheime in Großrazzien zu durchkämmen und besonders alle Flüchtlinge aus dem arabischen Raum zu kontrollieren. Die Nord-Süd-U-Bahn, die an der Ostberliner Friedrichstraße hielt, wurde zum Ort tagelanger Polizeimanöver, bei der alle mitfahrenden ImmigrantInnen und Flüchtlinge – als »ausländisch Aussehende« stigmatisiert – kontrolliert werden sollten. Schließlich bewog die BRD die DDR dazu, das »Loch in der Mauer« für Flüchtlinge zu stopfen, die keinen anderen legalen Weg in die BRD mehr hatten als die nichtregistrierte Einreise über den damaligen Grenzbahnhof Friedrichstraße. Die Senatoren Kewenig und Lummer wollten mit der massenhaften Abschiebung von Palästinensern in den libanesischen Bürgerkrieg ein grausames Exempel für die künftige Abschiebepolitik statuieren.

1986/87 engagierte sich ein breites politisches Spektrum gegen die Razzien und für das Bleiberecht der Flüchtlinge, sowie für ihre menschenwürdige Unterbringung, Verpflegung und gegen ihre gesellschaftliche Ausgrenzung und Isolation: in Berlin z.B. wurde die »Aktion Fluchtburg« initiiert (Verstecken von Menschen ohne Papiere); als Reaktion auf die Aufhebung des Abschiebestopps in den Libanon, autonome und kirchliche Gruppen protestierten auf den Flughäfen gegen Abschiebungen; die RZ griffen mit militanten Aktionen ein; Stadtteilgruppen kauften die Gutscheine der Flüchtlinge auf und übten durch Blockaden der Supermarktkassen Druck auf die Lebensmittelketten aus, damit der Senat den Flüchtlingen wieder Geld auszahlte; Flüchtlingsgruppen organisierten Beratung, suchten die Lager auf und machten die unglaublich miserablen Zustände dort öffentlich, erteilten den Flüchtlingen Sprachunterricht und durchbrachen so die soziale Isolation. Das Verhältnis zwischen all diesen Gruppen war keineswegs widerspruchsfrei, dennoch war man/frau in einen gemeinsamen Prozeß eingebunden, der von vielen Auseinandersetzungen und Diskussionen gekennzeichnet war.

Es ist aufschlussreich, die Erklärungen der RZ zu den Anschlägen auch jenseits der Frage nach der Art ihrer Aktionen zu lesen und in den Kontext der aktuellen deutsch-europäischen, inzwischen globalisierten Politik der Flüchtlingsabwehr und Migrationsverhinderung zu stellen. Denn nicht nur denjenigen, die diese Diskussionen der 80er Jahre mit geführt und den Protest gegen die Anfänge der Flüchtlingspolitik der BRD mit getragen haben, sondern auch Jüngeren drängen sich Kontinuitäten auf, was den Ausbau der Festung Europa anbelangt. Bei einem Rückblick scheinen freilich auch Diskontinuitäten und zahlreiche neue Ansätze in der Praxis und Diskussion antirassistischer und flüchtlingspolitischer Gruppen heute auf.

Ihre militanten Aktionen waren vor allem in Bereichen angesiedelt, die Brennpunkte aktueller Auseinandersetzungen waren. Dies galt auch für den Bereich der Flüchtlings- und Asylpolitik in den 80er Jahren. Die Aktionen in diesem Bereich zielten vor allem auf Sachbeschädigungen ab. Dazu zählten ein Anschlag gegen das Ausländerzentralregister (AZR) in Köln (September 1986) ebenso wie gegen die Außenstelle des Bundesamtes für die Anerkennung von Flüchtlingen in Dortmund (September 1987) oder gegen die Zentrale Sozialhilfestelle für Asylbewerber in Berlin (Februar 1987). Anspruch dieser Aktionen, bei denen zumeist Akten und Datenbestände vernichtet wurden, war es, *»Flüchtlingen einen Raum [zu] verschaffen, der nicht mehr staatlich kontrolliert und reglementiert wird.«*

Zur Lebenssituation von AsylbewerberInnen in Berlin und andernorts findet sich in der Erklärung zum Anschlag auf die Zentrale Sozialhilfestelle für Asylbewerber (ZSA): *»Der auf niedrigstem Niveau eingeengte Lebensstandard und die Mißachtung elementarer Hilfeleistungen (...) ist nicht der Gipfel der Willkür, sondern die Methode eines logisch funktionierenden, rassistischen Verwaltungsapparates.«*

Mit der heutigen Zwangsunterbringung in Sammelunterkünften, der Kürzung des Sozialhilfesatzes um mindestens 30 Prozent und seit einem Jahr der Politik des regelrechten Aushungerns bestimmter Flüchtlingsgruppen (Kriegsflüchtlinge aus Ex-Jugoslawien, besonders dem Kosovo) haben sich die Existenzbedingungen der Flüchtlinge weiter verschärft. Die Arbeits- und Bildungsverbote, die rassistische Schikane in den Behörden, eine gesundheitliche Mangelversorgung bis hin zur Streichung jeglicher medizinischer Versorgung und die Einschränkung der Bewegungsfreiheit über die Residenzpflicht sind nur einige Facetten eines Systems, das die Vertreibung von nicht erwünschten Menschen mit dem Mittel der Sozialpolitik durchsetzt. In der Erklärung zum Anschlag auf den Vorsitzenden Richter am Bundesverwaltungsgericht Korbmacher (September 1987) kann man/frau zum alten Grundgesetzartikel 16 lesen: *»Das Asylrecht ist seinem Wesen nach eben nicht einklagbares Individualrecht konzipiert worden – vielmehr ist es von vornherein allen opportunen staatlichen Auslegungen und imperialistischen Dispositionen geöffnet worden und daher in seinem Kern ein Staatsschutzrecht. Folglich geht es heute nicht um seine Aushöhlung, sondern um seine Modernisierung zu einem paßgenauen Instrument imperialer Flüchtlingspolitik.«*

Korbmacher hatte in Urteilen gegen TamilInnen und KurdInnen Mitte der 80er Jahre die Linie vorgegeben: »Folter und Völkermord, die der ›Abwehr von Umsturzversuchen oder Gebietsabtrennungen dienen‹, sind keine politische Verfolgung, sondern notwendig, ›denn der Staat selbst, sein Gebietsbestand und seine Grundordnung sind Schutzgüter‹.« Jahre nach dem vielfältigen Widerstand gegen die staatliche Flüchtlings- und Asylpolitik hat die Bundesregierung unter Zustimmung einer großen Bundestagsmehrheit und begleitet von Medienhetze und Pogromen das Asylrecht faktisch abgeschafft. Innenminister Schily unternimmt derzeit Vorstöße, die allerletzten formalrechtlichen Reste des Asylrechts zu schleifen und die Aufnahme abgezählter Flüchtlingskontigente in die Krieg- und Aggressionspolitik der EU zu integrieren.

Die tödlichen Folgen dieser in Justiz und Verwaltung eingespielten Abschottungspolitik und Abschiebungspraxis lassen sich belegen: an allen deutschen Grenzen starben seit der Grundgesetzänderung 1993 bis heute 113 Menschen beim Versuch, heimlich einzureisen; davon allein 87 an den deutschen Ost-Grenzen, 78 Abschiebehäftlinge begingen angesichts der drohenden Abschiebung Selbstmord oder starben bei dem Versuch vor der Abschiebung zu fliehen, mindestens 185 wurden bei einem Selbstmordversuch schwer verletzt; 5 Menschen starben während ihrer Abschiebung aufgrund von Mißhandlungen durch deutsche Beamte, 97 Abgeschobene wurden verletzt; 9 Personen wurden nach der Abschiebung im Heimatland ermordet, mindestens 239 wurden von Militärangehörigen oder Polizeibeamten im Herkunftsland verhaftet, mißhandelt oder gar gefoltert, 33 der Abgeschobenen verschwanden spurlos.. Europaweit sind über 1700 Tote entlang der EU-Außengrenzen dokumentiert, ein Großteil von ihnen ertrank bei Schiffbrüchen im Mittelmeer. Die tatsächlichen Zahlen dürften um vieles höher liegen.

Die EU ist dabei, ihr Flüchtlingskonzept zu erweitern und nicht nur auf Osteuropa und die Transitstaaten, sondern auch – über die auf dem EU-Sondergipfel im Oktober 1999 in finnischen Tampere verabschiedeten »Aktionspläne« – weltweit bis in die »Flüchtlinge produzierenden« Kriegs-, Bürgerkriegs-, Krisen- und Elendsgebiete auszudehnen. Die EU bereitet sich inzwischen darauf vor, auch militärisch in ihre von ihr reklamierten Hinterhöfe und Einfluss-Sphären einzugreifen, um eine Regionalisierung von Flucht und Migration zu erzwingen und Menschen auf der Flucht in geschlossene Flüchtlingslager umzuleiten und mit Waffengewalt festzuhalten.

Homepage: http://www.freilassung.de

Spendenkonto:
Martin Poell | Stichwort »Freilassung«
Kontonr. 2705-104 | Postbank Berlin (BLZ 100 100 10)

Mehringhof Soli-Büro | Gneisenaustr. 2a | 10961 Berlin
Montag, 16-19 Uhr | Tel./Fax: 030 – 693 83 18 | e-mail: info@freilassung.de